監修者――佐藤次高／木村靖二／岸本美緒

［カバー表写真］
天山南方のオアシスと沙漠

［カバー裏写真］
ソグド商人とみられる胡人の壁画、トゥルファン、ベゼクリク

［扉写真］
沙漠をいくキャラヴァン隊

世界史リブレット 62

オアシス国家とキャラヴァン交易

Arakawa Masaharu
荒川正晴

目次

▼胡人　唐代において、「胡」は広く漢人以外の人びとや、北方の遊牧民を指すこともあるが、多くはソグド人やペルシア人などのイラン系の人びとを指す。ただし「商胡」「興胡」といえば、ソグド商人を意味している。

ラクダを引き連れたキャラヴァン

「シルクロード」の実像を求めて

はてしない沙《すな》の海に浮かぶオアシス、ラクダを引き連れたキャラヴァン、髭《ひげ》をたくわえた胡人《こじん》▲たち、華やかな唐の都長安……。こんなところが、いわゆる「シルクロード」という言葉から、われわれが思い描くイメージであろうか。もちろん「シルクロード」としては、海上ルートも忘れてはならない。ただ中国にいたる海上ルートがめだって重要となってくるのは、十世紀ころからであろう。「シルクロード」の隆盛期といわれる唐の時代には、陸上ルートが活用されていた。

さきにあげたラクダや胡人の姿は、「シルクロード」に対するわれわれのイメージであるばかりでなく、唐代においてもこれらは造形モチーフとして、もてはやされた。高校の教科書にも登場する唐三彩の「駱駝舞楽胡人俑《らくだぶがくこじんよう》」▲は、その代表であろう。この陶俑は西安《せいあん》近郊にある唐代の墳墓▲から出土した明器▲である。このようなモチーフの明器は、唐代にじつに多く作成されており、中央アジアのオアシスであるトゥルファンの墳墓からも、ラクダを牽《ひ》く胡人の泥俑▲が出土している。

このほかにも、正倉院に伝来する「五弦琵琶」をはじめ、多くの唐代の文物には、ラクダと胡人の組合せが装飾モチーフとして採用されている。異国の産品や文化をもたらす胡人に対していだいた唐の人びとの憧憬が、こうしたモチーフの流行を生んだともいえよう。

このラクダと胡人の姿から醸《かも》しだされるエキゾチックさに加えて、沙漠に対する哀愁などもあり、われわれ日本人がいだく「シルクロード」には、なにかロマンティックな雰囲気がただよう。ややもすれば、これをイメージだけで理解しようとしてきたことはいなめない。

しかしながら、実際の「シルクロード」上に展開された交易とはいかなるものであったのか。これまで「シルクロード」にかんする概説書は数多く出され

▼駱駝舞楽胡人俑　ラクダの背に乗って楽器を奏で、歌舞に興ずる胡人をあらわした陶製の俑。俑とは、副葬用の人形。この胡人も含め、俑にあらわされた胡人はソグド人をかたどったものである。

▼唐代の墳墓　七二三年に病没し、長安城の西郊に葬られた鮮于庭誨(せんうていかい)の墓。宮廷の下級武人の出身ながら、玄宗に重用された。

▼明器　埋葬にともなって作成された器物を指す。冥器とも呼ぶ。一般に、竹・木・陶土でつくる。

▼泥俑　土をこねてかたちをつくり、かわかしてから、彩色を加えた俑。陶俑と異なり、焼きかためていない。

てきたが、その具体的な姿はなにも説明されてはいない。もちろん実証するための史料が極めて少ないのも、解明を遅れさせている一因であろう。しかし、そうした僅少な史料であっても、そこから「シルクロード」交易の実像に迫ることは、困難ながらも不可能ではない。

本書は、「シルクロード」に点在するオアシス国家と、その盛衰と密接にかかわってきたキャラヴァン交易について概説するものである。オアシス国家とキャラヴァン交易の問題は、中央アジア史の大きな研究テーマであると同時に、これらに対する理解が深まれば、なんとなくイメージしてきた「シルクロード」交易の姿は、かなり鮮明になってくるはずである。

いうまでもなく、「シルクロード」のオアシス国家やキャラヴァン交易といっても、空間的にも時間的にもかなりの幅があり、地域および時代によってその性格は多様である。ここでは、パミールをはさんで東西に広がる乾燥地帯に点在するオアシス国家とキャラヴァン交易の様相を、「シルクロード」による交易活動が大きく変貌していく唐代までを対象にして概観することにしよう。

①—オアシス国家と交易

オアシスとは

ユーラシア大陸の中央部には、乾燥した地域が広がっている。なかでもパミールをはさんで広がる東西トルキスタン▲は、極度に乾燥しており、天山山脈とシル河を結んだ東西の線(ほぼ北緯四三度線)より南には、大沙漠が横たわっている。そのほとんどは沙漠でしかないが、ところどころに高山からの雪解け水によってできた河川にそって、緑の帯が延びている。これがいわゆるオアシスである。

ここにいうオアシスとは、大小さまざまな規模はあるものの、「沙漠における可耕地の広がり」とまずは理解することができる。そして、この「可耕地の広がり」のなかに、村や町と呼べる集落が少なくとも一つあり、大きな規模のオアシスでは城壁をともなった都市が存在している。また「可耕地の広がり」の周辺には、草地や沼沢地が続くこともあり、その外側に沙漠が広がっている。

オアシス社会や国家とは、このような「沙漠における可耕地の広がり」およ

▼**東西トルキスタン**　トルキスタンは「トルコ人の土地」の意味で、当地がトルコ化した以降に使うべき語である。したがって、ここでは東トルキスタンにかえてタリム盆地周辺としたり、西トルキスタンにかえてソグディアナと表現している。

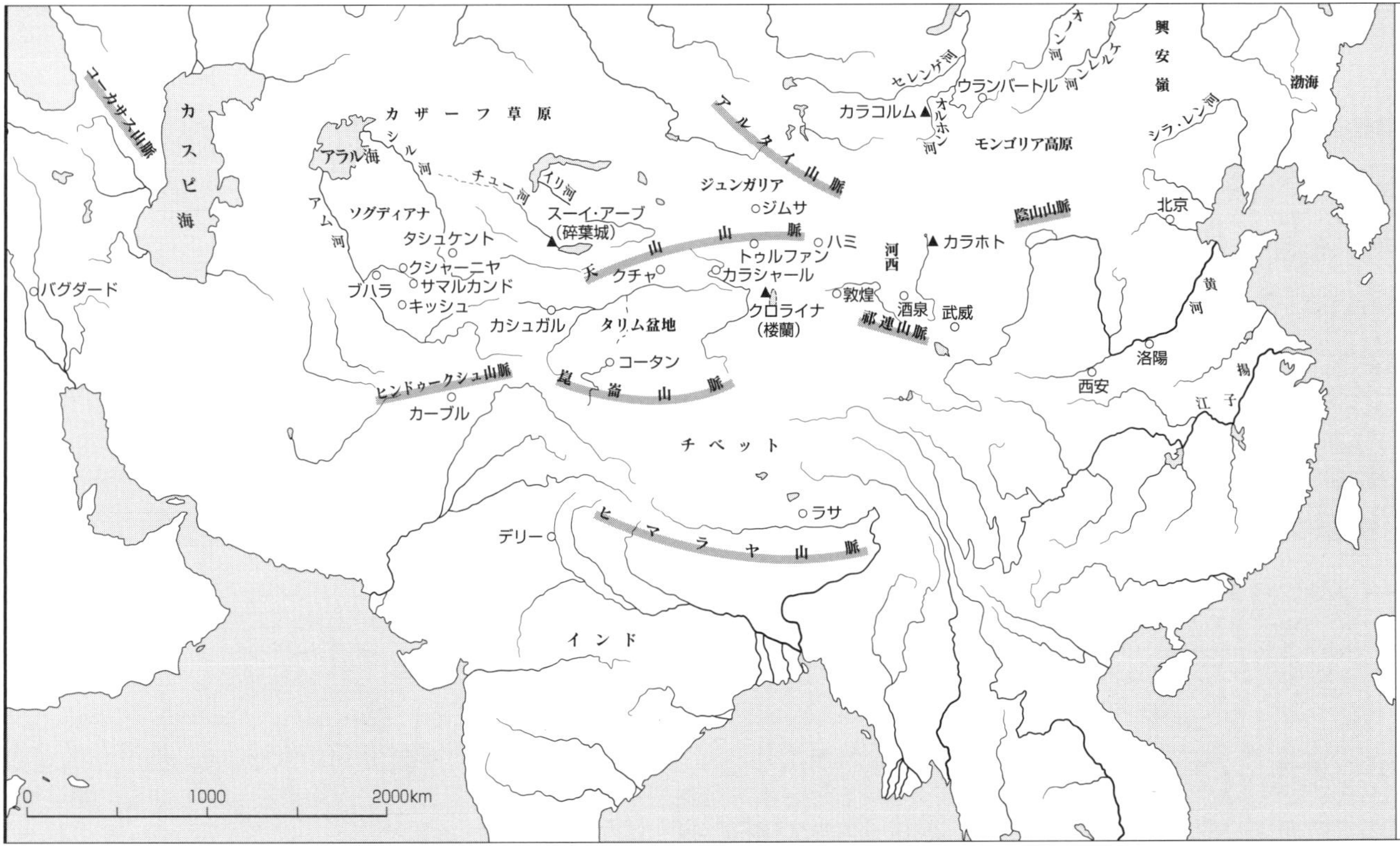
コーカサス山脈
カスピ海
アラル海
カザーフ草原
シル河
チュー河
イリ河
アム河
ソグディアナ
タシュケント
クシャーニヤ
サマルカンド
ブハラ
キッシュ
バグダード
スーイ・アーブ
(砕葉城)
天山山脈
クチャ
カシュガル
タリム盆地
コータン
崑崙山脈
ヒンドゥークシュ山脈
カーブル
ジュンガリア
ジムサ
トゥルファン
カラシャール
ハミ
クロライナ
(楼蘭)
アルタイ山脈
カラコルム
オルホン河
セレンゲ河
ウランバートル
オノン河
ケルレン河
興安嶺
渤海
モンゴリア高原
シラ・レン河
陰山山脈
北京
カラホト
河西
敦煌
酒泉
武威
祁連山脈
黄河
洛陽
西安
揚子江
チベット
ラサ
ヒマラヤ山脈
デリー
インド
0
1000
2000km

内陸アジア地図

びその周辺地を生活基盤とする社会や、それがつくる国家のことである。そのことから明らかなように、この社会や国家を支える経済基盤は、本来、農業と牧畜業であった。

しかし、沙漠のなかに浮かぶオアシスでは、そこにそそぎこまれる水には限りがあった。つまりは、耕地や草地をふやそうにも、オアシスではおのずから限界があり、農牧業以外に生きる糧を求めざるをえない人びとを早くより生むことになる。オアシス社会や国家に、商人や手工業者など多くの非農牧民が存在し、交易というものが発達していたことが容易に想像できよう。

ところで、こうしたオアシス社会や国家を支えた経済基盤として、農牧業と交易、いずれが重要であったのか、という論争がかつて研究者のあいだで戦わされたことがある。しかし、この問いかけ自体、オアシス社会や国家における交易とはなにか、ということが明確でなければ、まったく意味はない。オアシス社会や国家の経済をトータルに理解するうえにも、あらためてその交易の性格について検討する必要がある。

タリム盆地周辺のオアシス国家

天山山脈と崑崙《こんろん》山脈にはさまれたタリム盆地（中国新疆《しんきょう》ウイグル自治区の南疆、東トルキスタン南部）には、オアシスが、その周縁部に点在している。なかでも規模の大きなオアシスには、その中心部に大きな都市が築かれている。地図に見える、クチャ・カシュガル・コータンなどのオアシス都市がそれである。かつては、これらの都市を都として、オアシス国家が建てられていた。

さらに現在の甘粛《かんしゅく》省西部に位置する河西《かせい》地域にも、前漢時代以来、タリム盆地と中国内地とを結びつけるオアシス都市が東西に点在している。これらの都市もまた、独立したオアシス国家をつくることがあった。

通常、タリム盆地周辺におけるオアシス国家は、最高統治者たる王をトップにいただき、その位はおおむね世襲された。トゥルファンの麹氏《きくし》▲やコータンの尉遅氏《うっち》▲などは、その代表的な例である。そして王の居城となったオアシス都市を中心として、周辺に点在する大小のオアシスをその支配下においていた。オアシス国家それぞれに固有の統治組織が設けられ、それによって領内に点在するオアシスを統治していたのである。

▼麹氏　現、中国甘粛省出身の一族で、五〇一年ころより六四〇年までトゥルファン盆地に王国（麹氏高昌国）を建てた。途中、政変はあったものの、十代にわたって王位が継承された。六世紀半ば、突厥（とっくつ）が勃興するといち早くその支配を甘受したが、七世紀には唐帝国によって征服され、王族麹氏はみな長安へ拉致された。

▼尉遅氏　タリム盆地南縁に位置するコータン国では、王族はビシャを名乗っていた。尉遅はそれを漢語で表記したもの。伏闍とも書かれる。王の名が確実にわかるのは三〜四世紀以降になってからであるが、王位は代々、尉遅氏によって継承されていた。

▼高昌国　タリム盆地東北端、トゥルファン盆地の漢人植民国家。前一世紀に前漢の軍が高昌塁に駐屯したのが、漢人入植の始まり。五世紀中葉に沮渠氏が、トゥルファン全域を統一して高昌国を建国。その後、麴氏にいたるまで約二〇〇年間、高昌国がトゥルファンを支配した。七世紀中葉に唐の直轄地となったが、唐が撤退すると、のちにウイグル人がトゥルファンを支配した。

▼焉耆国　タリム盆地北縁東方部に位置するオアシス国家。現、カラシャール・オアシス。住民は印欧系のトカラ語を母語とした。唐代には、クチャの安西都護府のもと、都督府と鎮守軍がおかれた。漢籍には、龍を姓とする王家の存在を伝えている。

▼亀茲国　タリム盆地北縁中央部に位置するオアシス国家。現、クチャ・オアシス。人口規模では、東トルキスタン最大。住民は、印欧系のトカラ語を母語とした。唐代には、安西都護府や安西節度使がおかれ、西域支配の中心基地となった。漢籍には、白を姓とする王家の存在を伝えている。

すでに紀元前後には、タリム盆地周辺だけでも「三十六国」とも「五十五国」とも形容されるほど、数多くのオアシス国家が分立していた。その後、ほぼ五つあまりのオアシス国家（高昌《こうしょう》国▲・焉耆《えんぎ》国▲・亀茲《きじ》国▲・疏勒《そろく》国▲・于闐《うてん》国▲・鄯善《ぜんぜん》国▲）に統合されている。

これらオアシス国家の人口規模としては、数万のサイズが標準であり、最大でも一〇万を大きくこえることはない。居住する農牧民・商人・手工業者の比率は詳《つまび》らかではないが、社会構成の特徴として、全人口に占める兵士の比率は高かったといわれる。ただし、この兵士がもっぱら戦闘を担う職業軍人的な存在であったかどうかはわかっていない。またこれらのオアシス国家では一般に仏教が篤《あつ》く信奉されており、高昌国・焉耆国・亀茲国・于闐国などでは、僧侶が少なくとも数千人の規模で存在した。

ソグディアナのオアシス国家

これに対して、ソグディアナ▲（西トルキスタン）にあるオアシス国家は、都市国家と呼ぶほうがより適切であり、そのなかには規模の大きなオアシス都市をかかえるものがあった。サマルカンドなどは、その代表であろう。ただし、そうした例外的な都市を除けば、人口サイズでは、タリム盆地周辺の諸国とさほどの差はない。

しかし、トップリーダーたる王もしくは領主は、かならずしも世襲的な君主ではなく、大富豪の代表者という性格が強かった。またサマルカンドを中心に、オアシス国家同士が、ゆるやかに結びつき、オアシス国家連合を形成していた。そのため、サマルカンドのトップリーダーは、「ソグド王（にして）サマルカンドの領主」と呼ばれた。

そしてなによりも注目されるのは、それぞれのオアシス国家が、広域にわたるキャラヴァン交易活動をした国際商人を輩出してきたことである。

ソグディアナのオアシス社会では、都市住民は「貴人（騎士）」「商人」「職人（手工業者）」という三つの階層に分かれていたといわれるが、「商人」ばかりでなく「貴人」もソグド人の国際的な交易活動を支えていたとみられる。

また、国際商人を生んできたこの地では、合理的で自由な雰囲気が社会内に醸成されていた。トップリーダーの地位がかならずしも世襲を基本としていな

▼疏勒国　タリム盆地西端に位置するオアシス国家。現、カシュガル・オアシス。漢代より唐宋にかけて、疏勒として中国に知られた。唐代には安西都護府のもと、都督府と鎮守軍がおかれた。漢籍には、裴を姓とする王家の存在を伝えている。

▼于闐国　タリム盆地南縁に位置するオアシス国家。現、コータン（ホタン）・オアシス。漢～唐代の漢籍には、于闐とあらわされている。住民は、中期イラン語の東方言であるコータン語を母語とした。玉（ぎょく）の産地として有名。唐代には安西都護府のもと、都督府と鎮守軍がおかれた。

▼鄯善国　前一世紀～五世紀ころに、ロプノール南西にあったオアシス国家。中国の史料によれば、前七七年の楼蘭滅亡後に建国。三世紀の最盛期には、西隣のコータン国と西域南道を二分する勢力を有した。五世紀に吐谷渾（とよくこん）の支配を受けて滅亡。

▼ソグディアナ　アラル海にそそぐシル河とアム河にはさまれた地域

いのも、おそらくはこの特徴と密接にかかわるものであろう。この点、タリム盆地周辺のオアシス国家においては、国際商人と呼べる存在は認められず、商人が社会的に際立《きわだ》った存在であったことも確認できない。

ソグディアナでは、オアシス国家や社会のあり方が、タリム盆地周辺とは大きく異なっていたのである。

キャラヴァン交易とは

日本では、ラクダを率いて沙漠を往来する隊商といえば、キャラヴァンという語をすぐに思い浮かべるが、本書があつかう時代のソグド商人たちは、このキャラヴァンという語を用いていなかった。サンスクリットのサールタ(隊商)▲に由来するサールトという語を用いていたのである。中央アジアでは、しばらくこの語が使用されるが、ここでは便宜上、一般に通用するキャラヴァンの語を用いることにする。

さてオアシス国家キャラヴァン商人といえば、大小さまざまな規模はあるものの、個々のオアシス国家の支配空間をこえて、オアシス諸国やさらに遠隔地

の古名。大部分は、現、ウズベキスタンにある。アレクサンダーの東征以来、クシャン、ササン朝、エフタル、突厥、唐などの支配を受け、八世紀半ばには、イスラーム勢力の支配下に完全に組み込まれた。アラビア語では、この地域をマーワラー・アン・ナフルと呼ぶ。

▼サールタ　ソグド人がサールタに由来するサールトを用いていた背景には、インド商人がソグド商人とともに、あるいはソグド商人より早くから、東方貿易に従事していたことがあったともいわれる。

へとおよんで広域に展開する交易活動を想起する。このことからここでは、トルキスタンの東西を問わず、オアシス国家にとってのキャラヴァンを、オアシス国家に外部へのチャンネルを提供する商人の一団、とまずは規定しておきたい。

ソグディアナのオアシス諸国は、こうしたキャラヴァン交易による国際商人を輩出していたことはさきにみたとおりである。そしてあとにみるように、唐代までの「シルクロード」のキャラヴァン交易は、唐の一時期を除き、ソグド人▲がほぼ独占するところであった。

もちろん、タリム盆地周辺のオアシス国家においても、地元の商人がキャラヴァンを組織したり参加することもあったが、当地におけるキャラヴァンとは、まずは外来の商人であり、支配圏の外から到来するものであった。亀茲国や于闐国では、外来のキャラヴァンを目当てにして国もしくは王が経営する「女市」(娼婦宿)がおかれており、さながらオアシス都市とキャラヴァンは、港市とそこに寄りつく商船の様相を呈している。

また、キャラヴァン交易に従事する商人は、オアシス国家の支配領内を移動

ソグド諸国

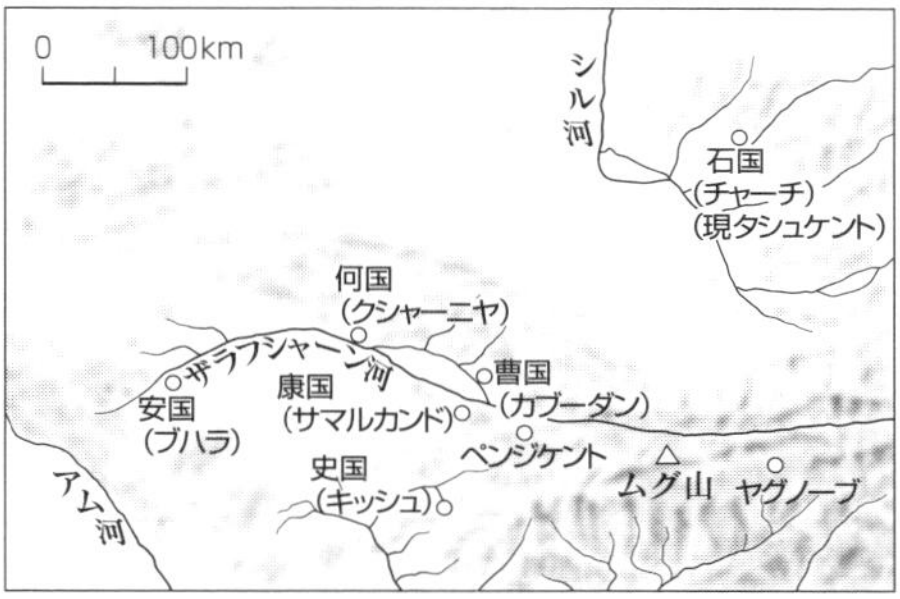

▼ソグド人　ソグディアナの住民。イラン系の民族で、中期イラン語の東方言であるソグド語と、アラム文字に由来するソグド文字を用いた。ソグディアナの中央部を流れるザラフシャン河流域を中心に、ソグド人のオアシス都市が点在する。中心都市サマルカンドのほかに、ブハラ、タシュケントなどの都市があった。

▼**麝香**　中央アジア・チベット・雲南などに広く生息するジャコウジカの麝香嚢から製した香料。黒褐色の粉末で、薬料としても使用され、古来、珍重されてきた。シルクロード交易の主要商品の一つ。

する商人とは区別しておく必要がある。領内の都市同士、または都市とその周辺に広がる農村とのあいだを往来する商人などは、オアシス国家内を移動する商人の代表的な存在である。

どちらも商品を持ち歩いて商売する「行商人」であるとはいっても、あつかう商品も異なり、両者はオアシスの内と外とに分かれていた。すなわちキャラヴァン交易は奢侈《しゃし》品を中心とし、オアシス内商人は日常的な商品を主にあつかった。例えば、「シルクロード」のキャラヴァン交易では、奴隷や家畜のほか、錦などの高級絹織物や絹糸、毛皮、金・銀などの貴金属、さらには麝香《じゃこう》▲などの香料や薬材等々が取引されていた。

もちろん、オアシス国家によっては、穀物などの日常必需品を、ほかのオアシス国家から輸入することもあり、商品については両者がかさなりあう場合もあったが、交易の質という意味では、両者は明確に異なっていたといえよう。

また、キャラヴァン交易の場合、沙漠地域では、隣接するオアシスを往来するだけでも、かなりの危険をともなった。例えば、敦煌《とんこう》のオアシスとハミ・オアシスとの一回の往来では、キャラヴァンが率いる駄獣(馬・驢《ろば》)のほぼ三割が、死没もしくは行方不明となっている。したがって、近距離のオアシス間の往来であっても、キャラヴァンによる交易というものは、かなりのリスクをともなうものであった。この裏には、当然、その危険に見合うだけの儲けがあった。

　こうしたキャラヴァン交易とオアシス地域内の交易との二重的な関係は、ピレンヌ▲やポランニー▲の主張を想い起こさせる。彼らの所説では、恒常的な商取引の場であるポルトゥス（交易港）の交易と、定期的に集まる地域内の市場《いちば》での交易とは、まったく隔絶した関係にあるという。つまり、ポルトゥスは、外に向かって開かれた遠隔地商業のための交易場であり、地域内で完結する日常生活レベルでの交易に限定される市場とは別物であった。

　例えば古代の都市国家や中世の封建国家などには、ポルトゥスなり遠隔地商業のための交易場といったものが、地域住民の必要によって自発的に生まれてきたのでなく、国家が「国庫」収入を確保するために人為的につくりだされたものもあったという。この見解は、オアシス国家とキャラヴァン交易のことを考えるうえにも、参考になる。

▼アンリ・ピレンヌ（一八六二〜一九三五）　ベルギーの歴史家、中世史家。ヨーロッパの中世的世界の形成の契機を、ヨーロッパの外部世界からの衝撃に求めた『マホメットとシャルルマーニュ』は、彼の代表作。「マホメットなくして、シャルルマーニュなし」という、ピレンヌ・テーゼは有名。

▼カール・ポランニー（一八八六〜一九六四）　ハンガリー出身の社会科学者。主に経済人類学や比較経済史を専門とする。資本主義や市場社会の分析などをつうじて、自由主義的資本主義は特異な歴史現象にすぎないと主張した。

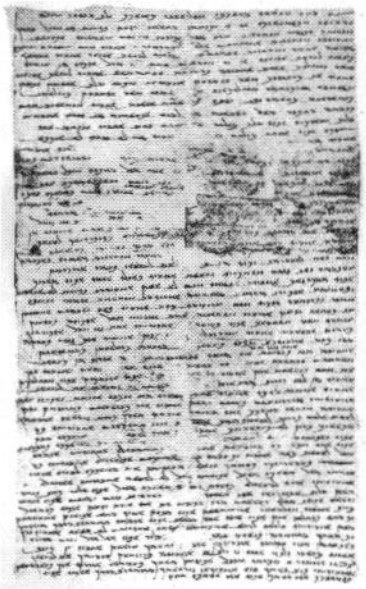
ソグド人の手紙

②—国際商人としてのソグド人

ソグド人の手紙

タリム盆地周辺より出土した多くの文書は、個々のオアシス国家をこえてキャラヴァン交易に従事する商人が、特定の商人に集中していたことを示している。タリム盆地周辺では、近場か遠隔地かを問わず、キャラヴァン交易に従事する商人の大半は、オアシス国家の外からきた商人、もしくは外からきてオアシス国家内に定住するにいたった者であった。イスラーム化以前においては、それはソグド人であった。

こうしたソグド人たちの交易活動の一端については、ソグド語の文書史料から知ることができる。その一つに、敦煌《とんこう》の西郊から出土した「ソグド人の手紙」と呼ばれる史料がある。

手紙は、ソグディアナのサマルカンドにいる、ナナイ・ズバールの息子のバルザックという名の人物に宛てられたもので、発信人はナナイ・バンダクという名のソグド商人である。ナナイ・バンダクは、河西《かせい》のオアシス、おそらくは姑藏《こぞう》(武威《ぶい》)オアシスに居住していた。その内容から、この手紙は、バルザックとともに、その父であるナナイ・ズバールにも宛てられたものであった。まずは、その大まかな内容を紹介しておこう。

冒頭で時候の挨拶を述べたあと、手紙本文の前半部では、ナナイ・バンダクの商売上の仲間もしくは手代たちの消息を書き記している。手紙によれば、彼の仲間ないし手代たちは、いずれも河西の酒泉《しゅせん》や姑藏などのオアシスに住んでいたようで、それらが商売のために中国の内地、とくに華北方面に出かけていた。この前半部での大きなニュースとして、当時、中国内地では、神の息子(天子)が、飢饉のために洛陽を逃げ出したことが記されている。そして洛陽の宮殿や市街地が、火をかけられたこと、また匈奴《きょうど》▲がやってきて、長安などを占領したことなどが特記されている。

この洛陽陥落の事件は、種々議論はあったが、現在では、三一一年に起こった「永嘉の乱」▲のことと考えられている。手紙は、その直後ぐらいに書かれたものであろう。手紙では、中国内地で活動している者たちの動静がまったくうかがえないことを強調し、中国内地との交易を維持することがいかに困難であ

▼匈奴　秦漢時代にモンゴリア高原を支配した遊牧民およびその国家。漢の武帝による征討で衰え、一世紀なかごろには、内紛のために南北に分裂した。四世紀には、長安を都として前趙を建てた。

▼永嘉の乱　西晋末、永嘉年間(三〇七～三一二年)を中心に、匈奴などによって起こされた反乱。三一一年、匈奴の劉聡(りゅうそう)は洛陽を陥落させ、懐帝をとらえて、平陽(山西省南部)に連行した。ただし懐帝が殺害されたのは、三一三年のことであった。この乱によって西晋は実質的に崩壊し、五胡十六国時代の幕開けとなった。

るのか、切々と訴えている。

さらに手紙には、敦煌から金城にいたる河西地域内での交易活動のことが記されている。金城とは現在の蘭州付近に比定され、敦煌から金城とは、要するに河西地域の西の端から東の端にまでおよぶ。どうやら手紙の内容からみると、ナナイ・バンダクにとって、河西地域は中国内地と異なって、日常的な交易活動の範囲であったようである。

ところで、ここまでの手紙の内容は、ナナイ・ズバール、バルザック親子に対してなされた事業報告ともいえる内容となっている。このことは、ナナイ・ズバール、バルザック親子とナナイ・バンダクとが、事業主と現地になかば常駐していた代理人との関係、もしくは協同事業のパートナー同士の関係にあったことをうかがわせる。

さらに手紙の後半部では、ナナイ・バンダクがサマルカンドに残してきた資金について、ナナイ・ズバール、バルザック親子に対して、その管理と適切な運用を依頼している。

とくに父親のナナイ・ズバールに対しては、その資金をだれか信用できる人物に託して、それを元手にして利殖をはかってほしいむね、要請している。そして、それを、サマルカンドに残してきたナナイ・バンダクの息子の将来の生活・養育費としたい意向であった。どうやら、息子とともにサマルカンドにいたナナイ・バンダクの父親が死没し、息子は孤児同然の状態になっていたようである。

手紙は、自らが遠く東方世界で交易活動を展開するなか、故郷に残してきた息子のために残した資金の運用を、信頼する人、つまりナナイ・バンダクの事業主もしくは事業のパートナーとなっていたナナイ・ズバール、バルザック親子に依頼するためのものでもあった。

そして手紙の最後に、麝香《じゃこう》をサマルカンドに送ったこと、またサマルカンド到着後の麝香の分配を具体的に指示している。分配にあたっては、三人の名があげられており、ナナイ・バンダクの息子が五分の三、ナナイ・ズバールが五分の一、そしてナナイ・バンダクより資金を貸与されていたペーサックが五分の一となっていた。この麝香にかんしては、上記の三名が利益の配分に与るべき立場にあったのである。

以上に紹介した手紙の内容から、河西を拠点として交易活動をしていたソグド人のなかには、ソグディアナ本国に自らの家族を残し、自らはなかば現地に常駐するかたちで、東方交易活動を展開していた者がいたことがうかがえる。不穏な政治情勢のため、連絡もとだえがちになりながらも、中国内地へ人を派遣していたのは、本国の雇用主もしくはパートナーとの交易事業を推進するためであったとみられる。

とくに富裕商人ともなれば、代理店・代理人をおき、支店網を構築することが多かったようで、本国にいるナナイ・ズバール、バルザック親子もこうした富裕商人であった可能性はある。

また遠距離にわたるキャラヴァン交易というのは、一種の協同の投資事業であった。キャラヴァンとは、一般的に「直接的に商業活動をおこなう商人と投機的利潤を目的として参加する出資者(国家・王族・高級官僚・軍人・両替商・富裕地主など)とが、相互に経営する会社組織のような存在」であり、「商人はさまざまな人びとから資本を集めて、それで商品を購入し、貿易を終わって帰還すると出資者に元金を返し、利益を配分する」ものであったといわれる。

▼**アルメニア商人**　アナトリア半島の東端、アルメニア高原を故地とするアルメニア人の商人。早くから各地の都市に同族の居住区を設けて、さかんに交易活動をおこなった。とくにサファヴィー朝下のペルシアで大活躍し、十七・十八世紀をつうじてアジアの絹貿易を支えた。

さきの「ソグド人の手紙」には、本国のもとに麝香が直接、送付されていたことが記されているが、これも、ナナイ・ズバールおよびペーサックとの協同の投資事業であったとみられる。キャラヴァン交易において、現地で買いつけた商品を投資に対する取り分として投資人のもとに直接、送ることは、通常におこなわれていたようで、榎一雄が検討した十七世紀のアルメニア商人▲も、同様なことをおこなっている。遠隔地交易では機会をとらえて、さまざまなかたちで投資事業が展開されていたことが予想されよう。

以上にみたように、河西にいたソグド人のなかには、河西地域を基盤にしながら、大きなリスクをともなった交易事業である遠隔地のキャラヴァン交易を、ソグド本国の事業主の代理人として、もしくは協同事業のパートナーとしておこなっていた者もいた。ソグド本国の「貴人」や「商人」にとって、こうした東方交易には、一攫千金《いっかくせんきん》的な儲けがありうることから、中国への進出拠点たる河西の地に、なかば常駐するナナイ・バンダクのような代理人もしくはパートナーをもつことは、決してめずらしくはなかったといえる。

▼玄奘　唐初(六〇二〜六六四)の入竺求法僧。六二七年ころインドをめざして長安を出発し、中央アジアをへてインドに到達。インド各地を巡歴し、六四二年ころに帰国の途についた。帰国後は、太宗の援助のもとに、厖大な経典を漢訳した。

▼『大慈恩寺三蔵法師伝』　玄奘の弟子である慧立(えりゅう)と彦悰(げんそう)が撰述する。唐の垂拱四(六八八)年に成る。全一〇巻。玄奘のインド旅行や、帰国後の仏典漢訳事業にかんする詳細な報告を含む。

ソグド人の交易のあり方

「ソグド人の手紙」では、中国への遠隔地交易を進めると同時に、常駐する河西を中心とする比較的狭い地域を日常的な交易活動の場とするソグド商人の姿がみられた。玄奘《げんじょう》▲の『大慈恩寺三蔵法師伝』▲巻二にも、カラシャール(焉耆、八頁参照)に向かうソグド商人らが、いち早くオアシスに到達して商売をしようと未明に出立したところ、盗賊におそわれる記事が載っているが、これも近距離間のオアシスを往来する彼らの日常的な交易活動の姿を活写しているものであろう。

さらに、あとにみるように、トゥルファンに建国した高昌《こうしょう》国では、その都城にキャラヴァンの商人のための「市」が設けられていたが、そこでの取引をみると、売買双方ともにソグド商人であることが多かった。そして、こうしたソグド商人たちのなかには短期間に再度この「市」で取引をおこなう者も認められ、彼らのなかにトゥルファンを含む比較的狭い範囲での往来に終始する商人が含まれていたことがうかがえる。

つまりソグド人たちのキャラヴァン交易といっても、近距離間の限定された

強盗におそわれるソグド商人（敦煌壁画）

範囲での往来に終始する商人の姿が、日常的にみられたのである。このことは、ソグド商人＝遠隔地商人というイメージは一面的なものであることを示している。

また、遠隔地にわたる交易をおこなう場合でも、商人自身は遠くに出かけるものの、一つの商品を遠路はるばる運ぶことは少ない。これまで「シルクロード」上に活動する遠隔地商人の交易として、一つの商品を遠隔地に輸送する交易のかたちも想定されてきたが、「シルクロード」交易によって広域に商品が流通していても、その多くは近距離間で成立する交易を積み重ねた結果であった。

ソグド人にとって、東方への遠隔地交易で、一定の商品を遠隔地に直接輸送するのは、朝貢品をもたらすような特別な場合でしかなく、遠隔地交易にあっても、こまめに商品の取引を積み重ね、その利ざやを稼ぐことが多かったのである。そのさい、彼らの交易において重要な役割をはたしたのは、各地に定住する同族の存在であった。もちろん、同族以外の者との交易もおこなわれていたが、彼らの交易はなんといっても各地の同族との取引を基盤としていた。

さきにふれたアルメニア商人も、遠隔地交易に従事する者の多くが、各地に定住する同族とのあいだでこまめに商品の取引を積み重ねていたことが知られている。

ソグド人の聚落

ソグド人のキャラヴァン交易活動にとって、各地における同族のバックアップは不可欠なものであった。そのため彼らは、キャラヴァンルートの拠点や貿易目的地に移住聚落《しゅうらく》(場合によって都市内に居留区域)をつくっていた。

彼らの聚落は、すでに都市が存在する場合には、そこに定住する人びととの混住を避け、それぞれの中心都市の近郊に聚落を設けることが多かった。例えば、敦煌のオアシスでは、敦煌城の東、数百メートルの場所に聚落が設けられている。ただし、長安や洛陽のような大都城では、城内に居留区域を設け、そこで集住することもあった。

また聚落人口の規模としては、さきの「ソグド人の手紙」では、河西の移住先のこととして、「一〇〇人のサマルカンドの自由人」のことに言及しており、

北周時代の薩宝であった安伽の墓

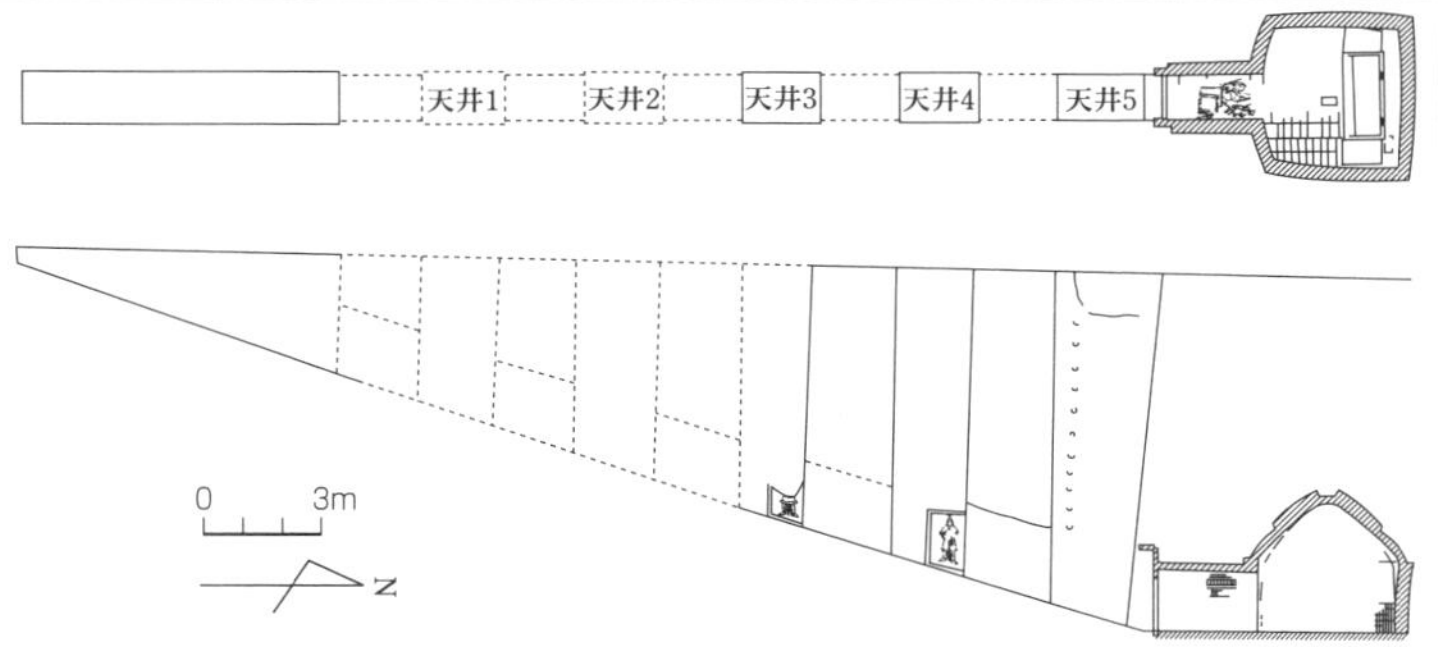

●安伽墓の平面・断面図

●安伽の棺床屏風（長方形の棺台の上に立てられた石製の屏風）

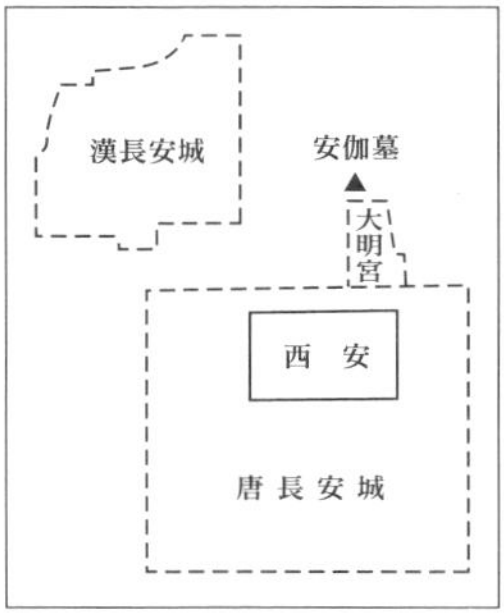

●安伽墓位置図

●安伽の墓志蓋　「大周同州薩保安君之墓誌記」と刻されている。薩保は薩宝と同じ。

また敦煌におかれた聚落は、約三〇〇戸、一四〇〇人あまりの戸口を有していた。その他の聚落の例とあわせ考えるならば、その規模は、長安や洛陽などにおかれたものを除いて、数百戸程度のものであったとみてよいだろう。

そして、中国内地におかれた聚落では、五世紀以来、「薩宝《さっぽう》」と呼ばれる官がおかれ、これが聚落をおさめていた。「薩宝」とは、ソグド語のサルトポウを漢字音写した語であり、ソグド語の意味は「キャラヴァン隊のリーダー」もしくは「商人のリーダー」である。

こうした中国内地の聚落ばかりでなく、トゥルファンのオアシス国家・麴氏《きくし》高昌国においても、「薩簿」という官職がおかれていた。「薩簿」の原語は今のところ不明であるが、サルトポウのヴァリアント(変形)である可能性は高い。サルトポウという称号が、オアシス国家においてもさまざまなヴァリアントをもって、ソグド商人らを束ねるリーダー的称号として広く用いられていたことを示唆している。ただし、聚落のソグド人には、商業ばかりでなく、農牧業や手工業などに従事する者も多く存在していた。

また、さきに掲げた敦煌の聚落では、宗教施設として聚落内に祆教《けんきょう》▲神殿(祆

▼**祆教**　ソグド人の信仰するゾロアスター教の地方的変種。祆教は、一般にゾロアスター教の漢語名とされるが、イラン本土のゾロアスター教とは性格を異にする部分がある。敦煌の祆教神殿では、多くの偶像が神として祀られていた。

祠)が設置されていたことが知られる。ソグド人の多くが、祆教徒であったことを考えれば、この祆教神殿の設置は、ほかの聚落でもみられた可能性は高い。当然のことながら、祆教神殿には、これを取り仕切るものが存在したと考えられ、前掲の「ソグド人の手紙」にも、バギンパトゥ「祠の主」の存在が確認される。また伊吾(ハミ)における祆教神殿には、「沙州伊州地志残巻」(スタイン三六七号文書)より、「祆神」を祀る「祆主」が存在していたことが知られる。

他方、この聚落のリーダーである「薩宝」の下には、「司録」と呼ばれる役職がおかれ、それにソグド商人が任じていた。北周では総管府に「司録」がおかれ、文書を管掌する書記長的な立場にあったことが知られているが、「薩宝」の下にもそうした書記長的な「司録」がおかれていたのであろう。あとにみるように、麹氏高昌国においても、ソグド人のなかに「ダビールパトゥ(書記の長)」を肩書にもつ者が存在していた。

これらの役職は、在地支配者側が配備した官職というよりも、自治聚落内の彼ら自らの役職的なものであったとみられる。各聚落は、サルトポウ「薩宝」のもと、バギンパトゥ「祠の主」と、ダビールパトゥ「書記の長」とが、聚落

▼伊吾　天山山脈南麓、タリム盆地の最東端に位置するオアシス。漢籍では、漢代以降、これを伊吾と呼んでいるが、唐代にはここに直轄州である伊州がおかれた。敦煌から中央アジアに向かうメインルート上の重要なオアシス。多くのソグド人が集住していた。

▼スタイン文書　イギリスの探検家、マーク・オーレル・スタイン(一八六二〜一九四三)が、敦煌の莫高窟などより将来した大量の古写本。仏教経典とともに、公私にわたる多くの世俗文書が見つかっている。

の聖俗生活をそれぞれ実質的に取り仕切る存在となっていたのである。

ソグド人の交易ネットワーク

ソグド人の聚落は、ソグディアナ以東におけるキャラヴァンルートの拠点や貿易目的地に広く分布していた。

まずオアシスルート沿いには、中央アジアから河西地域、さらには中国内地にわたって広範囲に分布している。ただし今のところ、オアシス国家でソグド人聚落の設置を史料をもって推定できるのはトゥルファン(高昌国)だけであるが、おそらくはオアシス各国にはソグド人が集団で定住していたとみられる。また中国内地では、京師(長安・洛陽)のほか、華北を中心として地方におかれた多くの州に聚落が設置されていたことがうかがえる。

一方、ステップルート▲沿いにも、西はシル河を北にこえ天山西部北麓に広がるセミレチエ地域などに、彼らの聚落が広がっている。さらに東はモンゴリアにも進出し、六世紀に台頭した突厥《とっくつ》▲と呼ばれる遊牧国家の支配下に、ソグド人の集団が存在していたことが知られている。ただし、オアシス国家や中国内地

▼**ステップルート**　モンゴル高原・カザフ草原・南ロシア草原を結ぶステップ地帯を貫く東西交通路。古来、ステップ地帯を支配する多くの遊牧民が、東より西へ移動していった。

▼**突厥**　Türküt の漢字音訳で、トルコ族の部族名またはそれを中心とする遊牧国家名。
五八三年に、モンゴリアを中心とするいわゆる東突厥と、アルタイ・ジュンガリアからソグディアナ方面を支配する西突厥とに分裂した。その後、東突厥は、南方の隋・唐王朝の興亡とあい反するかたちで盛衰し、ついには六三〇年、唐によって滅ぼされた。この滅亡により、鉄勒諸部を含めたトルコ系諸部族は唐の皇帝を天可汗として、その羈縻(きび)支配下に身をおいたが、やがて三度の反乱をへて、六八二年に復興・独立するにいたる。この復興突厥は、三代目の毗伽(ビルゲ)可汗の治世に最盛期をむかえるが、七四五年には内紛とともに滅亡するにいたる。一方、西突厥も、分裂後、唐初の統葉護(トン＝ヤブグ)可汗時代に中央アジアにおいて最盛期を現出したが、唐の西

のソグド人聚落と異なり、「イルテベル」という突厥の官職が授けられたソグド人を首領にいただく独自の集落を形成していた。彼らは利を求めて動くとともに、突厥においてトップリーダーの意志決定を左右する政治的なブレインともなっていた。また最近では、モンゴリアにおけるソグド人集団の性格に新たな光があてられており、そこには遊牧民同様の騎射技術を身につけた武人としての側面が見出せる。

このほか、中国東北部にあった渤海《ぼっかい》国▲にもソグド人が集住していたのではないかと、推測されている。

こうした交易ルート上に位置するソグド人の聚落なりコミュニティが、各地を移動する同族の商人に拠点を提供し、彼らの利益を擁護したことは容易に推測できよう。

また、こうした聚落の存在は、ソグディアナ本国より到来するキャラヴァン隊にとって重要であったばかりではない。さきにみたような、ソグディアナ本国の雇用主もしくはパートナーとともに交易事業をする河西在留のソグド商人が、近隣地となる河西に安定的な交易圏を形成しながら、さらに遠く中国内地

域経略の進展にともなって、阿史那賀魯の反乱(六五一年)を最後に、その羈縻支配を甘受するにいたる。ソグド人は突厥内部において商業のみならず、政治や文化面でも重要な存在となっている。この時期の突厥がソグド語・ソグド文字を公用語・公用文字に採用しているのは、そうした一端を示している。

▼渤海国　六九八年に高句麗の遺民によって建国され、約二三〇年間存続した。その支配領域は、現在の中国東北部、ロシア沿海州、朝鮮半島北部にわたる。唐だけでなく日本との交流も密であり、渤海の使節にソグド人がいたと推測する研究者もいる。

▼ウイグル商人　西ウイグル王国や河西に建国した甘州ウイグル王国（九世紀末〜十一世紀中葉）の商人。あくまでも、ウイグル王国に属する商人の意味であって、そこには多くのソグド商人が存在していた。ウイグル商人の交易ネットワークは、ソグド商人のそれを継承するものであった。

へ人を遣《つか》わすさいにも重要な拠り所となった。さらには、聚落の商人自身も、さまざまな交易活動を展開していたと思われるが、当然そうした商人の拠点ともなっていた。

各地を移動して交易するソグド人にとって、同族の聚落は、自らが商う交易品にかんする周辺の流通情報を収集する場であろうし、また市場内外での交易活動の保障をえるためにも、必須な存在であった。各地を移動するソグド商人が、交易拠点に定住する同族たちと、さまざまなかたちで商品を売買・融通・運搬し、資金の貸借などをおこなうことは、アルメニア商人をはじめとするその他の同様な交易形態をもつ商人と同様であったろう。

さらには、直接、商人が往き来しなくとも、聚落間で「商品」を種々やりとりしていたことも十分に考えられる。ソグド商人を受け継いだウイグル商人▲も、北中国・河西・中央アジア・モンゴリアに拠点を確保しつつキャラヴァン交易を展開したが、彼らは僧侶や軍人などに託して、手紙をつけて仲間や親族に物品を送ることもあった。

もちろんソグド人は、チベットやインド方面、さらにソグディアナ以西にも広く進出していたが、彼らは物資豊富な中国をひかえる東方交易活動を支えるために、ソグド人聚落を網の目のように張りめぐらせていたのである。これはソグディアナがイスラーム勢力によって支配される八世紀前半まで、ソグディアナから中国内地までをおおう交易ネットワークとなった。本国と各地においたソグド人の聚落なりコミュニティを拠点とした運輸・通信および金融や販売のネットワークとなったのである。これはまた、人やモノだけでなく、情報や文化の交流ネットワークでもあった。

ところで、ソグディアナから中国に移住してきたソグド人たちの一族には、商業に従事するばかりでなく、モンゴリアのソグド人と同じように、武人として軍事的に貢献する者もあった。この貢献をつうじて、ソグド人のなかには、かなりの高官につく者も出てきている。このことは、ソグド人の交易活動が、中国の官界へ進出したソグド人たちからのバックアップを受けていた可能性もあることを示唆している。

また、聚落民にしてみれば、同族の商人との提携ばかりでなく、聚落がおかれた各地の支配者、すなわち、オアシス諸国をはじめ、華北や草原の国家や地域の支配者との協同事業も重要であった。反対に、聚落がおかれた各地の支配者にしてみると、ソグド人との提携は、彼らの広域にわたるネットワークと結びつくことでもあったのである。

そこでつぎに、オアシス国家とソグド人とが、具体的にどのような関係を構築していたのかをみることにしよう。ここではタリム盆地周辺のオアシス国家である、麴氏高昌国を例にとってみることにしよう。

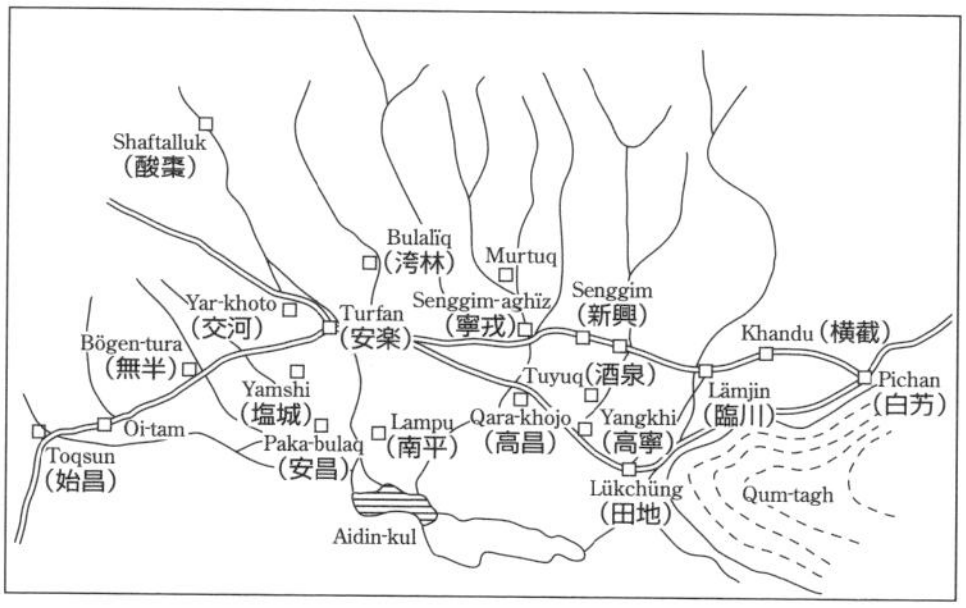

麴氏高昌国城邑図

③—オアシス国家のなかのソグド人

高昌国のなかのソグド人

天山山脈東端の南麓部には、トゥルファンと呼ばれるすり鉢状の盆地が存在する。ここは漢代以来、北方の遊牧民と東方の中国との係争地となってきたが、五世紀には入植してきた漢人たちがここに独立王国を建てるにいたった。この王国は、当初、支配王家を目まぐるしくかえながらも、六世紀初めに麴氏《きくし》が王位につき、その王統は六四〇年に唐によって滅ぼされるまで継続した。これが高昌《こうしょう》国と呼ばれるオアシス国家である。

この高昌国は、高昌城（カラ＝ホージャ）を王都とし、盆地内に点在する二〇あまりのオアシス城邑を支配下においていた。トゥルファンから出土した文書を検討すると、この王都の東郊に位置するオアシス城邑、高寧城（トユク）の近くに、「胡天祠」（祆教《けんきょう》寺院）がおかれていたことが知られる。ソグド人たちが集住し聚落《しゅうらく》を設けていたとすれば、王都近くのこのオアシスが最有力であろう。敦煌《とんこう》でも、ソグド人の聚落が、敦煌城の東郊に存在していたことは、こうした

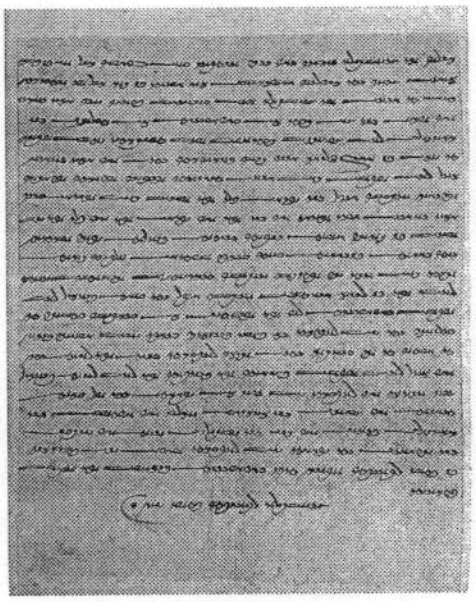

ソグド語女奴隷売買契約文書

聚落が中心都城の近くにつくられたことを明示している。

他方、ソグド人のなかには、すでに高昌国の漢人に同化してしまっている者もおり、こうしたソグド人は、おそらく漢人と混住していたとみられる。

ところで、王国末期にソグド語で作成された「女奴隷売買契約文書」には、ソグド人の「ダビールパトゥ」(書記の長)が、奴隷売買に深くかかわっていたことが示されている。契約書をみると、高昌国都城内の「市」においてサマルカンドの女奴隷が取引されており、売り手がソグド人、買い手は高昌国在住の漢人僧であった。

売買された奴隷が、サマルカンドの女奴隷であることから、売り手はトゥルファン在住のソグド人というよりも、外来のキャラヴァン商人であった可能性が高い。トゥルファンをへて、中国など遠隔地をめざすソグドのキャラヴァン商人の多くは、「奴・婢」(男女の奴隷)をともなっていたことが知られている。

そして、契約書の末尾には多数のソグド人たちが契約の立会人としてみえ、さらに「ダビールパトゥ」が契約の成立を認知するものとして、最後にサインを加えている。

●——**高昌故城**　城の西北方に三〜八世紀にかけて造営されたアスターナ古墳群がある。

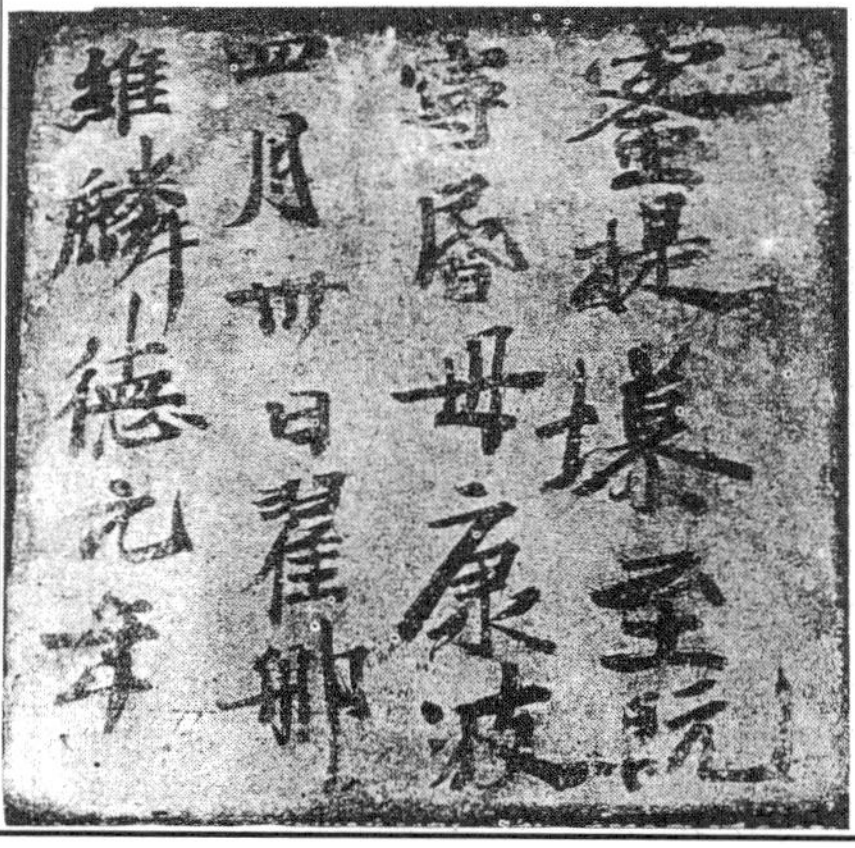

●——**胡人**（ソグド人）**の俑**（アスターナ出土）

●——**康波密提の墓誌**（アスターナ出土）　トゥルファンに定住していたソグド人の墓誌。漢文の銘文が、ソグド文と同じように、左から右へ書かれている。

契約の立会人であるソグド人は、胡風のその名から漢人に同化したソグド人でないことは明らかで、また立会人というその役割から、通りすがりの外来のソグド人でないことも明白である。つまり、彼らはトゥルファンの聚落ソグド人であった可能性は高い。

このことは、続く「ダビールパトゥ」も、トゥルファンの聚落ソグド人であったことを示唆し、これが彼らの自治聚落における役職であったことを十分に推測させる。

こうした取引が、高昌国の都城内に設けられていた「市」のなかでおこなわれていたのである。

高昌国の諸制度は、同時代の中国のそれに多く依拠しており、その中国では、不動産とともに、奴隷と家畜の売買取引には、かならず契約文書が作成された。そして契約書の成立には公的な認可を必要とする建前であった。さきの契約文書にも、その末尾に契約の成立を認知するサインが認められる。ただし、高昌国における住民同士の奴隷売買契約書では、こうしたサインをともなうものはない。このことから、さきの契約文書に見えるサインは、外来ソグド人と漢人

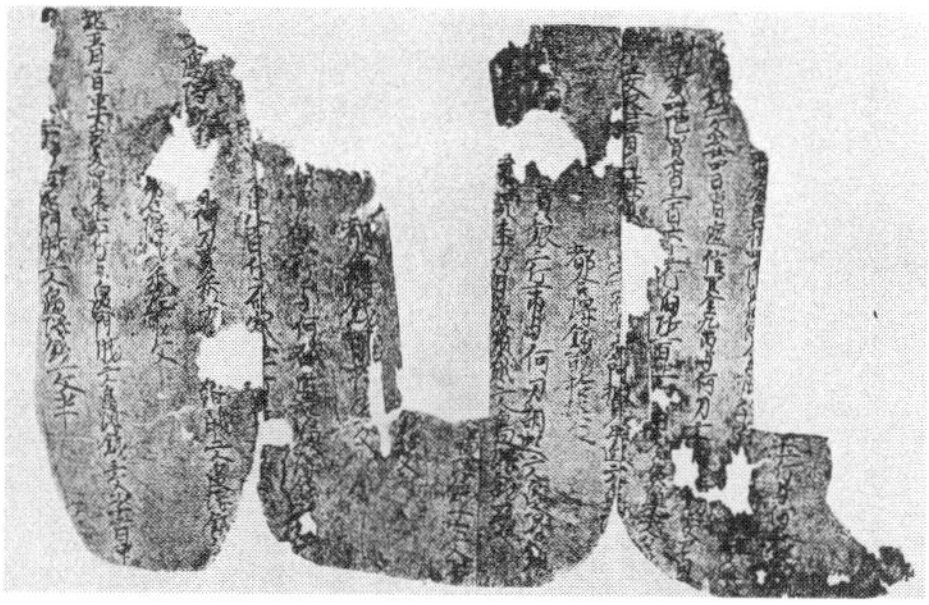

高昌王に上奏された徴収帳簿

との取引という特別な状況により付されたもので、その背景には、両者の取引を在地聚落のソグド人が保証する必要があった、と解するほうがよかろう。

このように高昌国では、外来のソグド人は、地元の漢人と契約書を作成するような商取引をする場合、設定された「市」のなかで、聚落のソグド人を仲介者としながら交易をおこなうのが通常であった。

また中国と同様に、高昌国でも、奴隷あるいは家畜以外の商品の取引には、契約書は作成する必要はなかったが、重量単位で取引される奢侈《しゃし》品の売買に対しては、「称価銭」と呼ばれる税が課せられていた。それも、一律に税額が設定されたものではなく、取引ごとに課税されていた。例えば、絹絲《きぬいと》・金・銀・香料など、それぞれの商品ごとの取引高に応じて税が徴収されている。

ただし、この税は、売買双方の商人より徴収され、高昌王に上奏された徴収帳簿にも双方の名前が逐一、明記されていた。しかも、その取引の多くはソグド商人同士のものであった。もちろん、なかには非ソグド商人が関与する取引も含まれていたが、それらの多くも取引相手はやはりソグド商人であった。つまり、「称価銭」とは、ソグド商人がかかわる奢侈品取引を主な課税対象としていたのである。このことは、この「称価銭」が課された取引の場は、日常的な国内向けのそれではなく、対外交易を管理するために設けられた場であったことを示唆している。

さきの女奴隷売買の例とあわせ考えれば、高昌国におけるソグド人の商取引の場として、対外交易の窓口ともなる「市」▲が都城内に設定されていたとみて大過ない。

この外に向けられていた「市」では、さきにみたようにソグド人同士ばかりでなく、外来のソグド人と在地漢人との取引もおこなわれ、その仲介者として大きな役割をはたしていたのが、地元に定住していた聚落のソグド人であった。

高昌国王とソグド人

麴氏高昌国の都城には、さきにみたように、対外向けの「市」がおかれており、そこでの取引行為に対しては、取引額に応じて「称価銭」と呼ばれる税が課されていた。そして、税はすべて銀銭で徴収され、しかも、その銀銭は、この国の「内蔵」におさめられていた。「内蔵」とは、麴氏高昌国の公文書にみ

▼対外交易の窓口ともなる「市」 十九世紀のカシュガル・オアシスの都城でも、交易の場として、オアシス内向けの、⑴常設店舗をかまえる「バーザール」、⑵週に一度「市」が立つ週市（バーザール）と、⑶国際交易がおこなわれるキャラヴァン・サライとに明確に分かれていた。すなわち⑴は、都市住民が依存するもの、⑵は、都城近郊の農民や遊牧民が依存するもの、そして⑶が国際交易商人の取引の場となっていた。

られる「官蔵」に対する語であり、それは王室の蔵を意味していたと考えられる。このことから、高昌国の王室財政の一部が、ソグド人たちの交易活動に依存していたことがうかがえる。

またソグド人からは、こうした商税ばかりでなく、通行税の類も徴収していた可能性は高い。高昌国の通行管理の体制は、具体的には詳《つまび》らかではないが、クチャの亀茲《きじ》国では、関所を設けて、国家が発給する通行証によって、人や馬畜などの往来をチェックしていた。

さらに注目されるのは、聚落のソグド人か、漢化したソグド人かは不明ながら、高昌国における官員として、彼らが国王に仕えていたことである。高昌国には、当時の中国に模した官制機構が整備されていたが、そのなかで彼らは「侍郎」と呼ばれる官職についていた。高昌国の「侍郎」とは、特定の部署に所属することなく、王の近くに侍《はべ》ってその政務・雑務を補佐していた。

こうした「侍郎」についていたソグド人が、王の認可のもと公用の車牛を利用して、内容は不明ながらも荷駄を運ぶために、隣接するオアシス国家とのあいだを往来していたことが、トゥルファン出土の文書より知られる。これなども、王や王室とソグド人とが、持ちつ持たれつの関係を結んで交易活動に励んでいたことを示唆するものであろう。

オアシス国家がそれぞれ交通・交易の管理権を掌握するなか、オアシス国家にとってソグド商人とは、課税対象として重要な存在であると同時に、王や王室と提携し、その財政を支える役割をもはたしていたのである。

そもそも、タリム盆地周辺のオアシス国家にとって、国内にコミュニティをつくるソグド人らは、広く「外」へ向けて交易事業を推進するための格好の相手でもあった。王を筆頭とする在地の有力者が出資者となり、外来あるいは定住したソグド人と提携して対外交易を推進するケースは十分に推定される。

また、ソグド人が独自の交易ネットワークを張りめぐらせていたことから、彼らの存在は、広く「外」の情報を、素早くかつ正確にもたらすものであった。ソグド人が、オアシス国家をはじめ、多くの国家において、「外」へ遣わされる使節として活用されていたのも当然のことであろう。高昌国においても、西突厥《とっくつ》の可汗《かがん》のもとに玄奘三蔵《げんじょうさんぞう》を送り届けるにあたり、さきにあげた「侍郎」の一族と思われるソグド人が、王の使者として派遣されていた。

タリム盆地周辺のオアシス国家の場合、国家の使節とは基本的には王が派遣する使節であり、ソグド人と提携して対外交易を推進する中心も、王であったと考えられる。国家の使節、つまりは王の使者として派遣されたソグド商人が、オアシス国家の王や王室に大きな財をもたらし、それが王の「威信」を増大させるものともなったのである。なかでも中国に送り出す朝貢使節というかたちのキャラヴァン隊は、多大な利潤を生む絶好の遠隔地交易の機会を提供した。

もちろんオアシス国家として派遣するキャラヴァンの交易であっても、リスクの高い遠隔地交易であることには変わりない。そのため、タリム盆地周辺のオアシス国家が使節の派遣というかたちで、自らの支配圏をこえて交易をする場合には、ほかのオアシス国家と婚姻関係を結ぶなどして友好関係を築いたり、より大きな支配力を有する存在に頼らざるをえない。この大きな存在こそ、北方の遊牧勢力であり、東方の中国であった。

ソグド商人の母国であるソグディアナのオアシス国家も、こうした周辺の諸勢力と関係をとり結びながら、自前の交易ネットワークを張りめぐらせ、国際商人を輩出していた。

天山北方のステップ

④―ユーラシアの変動とソグド商人

遊牧国家とソグド人

ソグド人が東方への交易活動を開始したのは、じつに紀元前後の時代にまで遡る。このころ北方のステップ地域東方には、遊牧国家の匈奴《きょうど》(一五頁参照)が存在しており、ソグド人は早くもこの匈奴と提携して、中国に朝貢してきている。ソグド人は、中国や西アジア・インド方面の産物だけでなく、北方のステップや森林の産物も取引しており、彼らが早くから遊牧民と密接な関係をもつのは必然的なことであった。

そもそも、中央ユーラシアにおいてステップ地域に遊牧国家が成立すると、オアシス国家は、その支配下におかれると同時に、彼らと共生関係を構築してきた。遊牧国家の庇護のもとに、オアシス国家の商人は広域にわたる経済活動を展開しており、その典型的な例がソグド商人の活動であった。したがって、彼らソグド商人の動向は、中央ユーラシアの遊牧民の動向と密接にリンクしていたといえる。

とくに四・五世紀から七・八世紀の時期は、遊牧民の大移動によって引き起こされた、遊牧民と農耕定着民との大規模な衝突・融合期であり、七・八世紀に登場したユーラシア東西の二つの帝国(唐帝国とイスラーム帝国)は、その結実した姿でもあった。こうしたユーラシア史の大きな潮流のもとで、ソグド人の東方交易活動も本格化したといえる。

例えば、さきに説明したソグド人のネットワークの形成は五世紀より本格化し、彼らの交易活動は大きな転換期をむかえたが、まさにこの時期、中央アジアにおいて遊牧民が大きく動き出していた。すなわち、五世紀に遊牧民を支配層とするエフタル▲がアフガニスタンあたりを中心にして勃興し、ソグディアナをその支配領域に組み入れたのである。ちょうどこのころから、ソグド人たちは活発に東方に進出しはじめ、ソグディアナに近い天山西部北麓の草原に多くの植民聚落《しゅうらく》をおいていった。

その後も、六世紀になると、突厥《とっくつ》(二六〜二七頁参照)と呼ばれるトルコ系の遊牧勢力がタリム盆地北辺の天山方面に台頭した。突厥は途中、東西に分裂することになるが、モンゴリアからソグディアナ・アフガニスタンあたりまでを

▼**エフタル**　五世紀半ばから、アフガニスタン北西部を中心にして活躍した遊牧民。実体は不明な点が多く、その起源にも、イラン系説、鮮卑説などがある。最盛期には、天山南北の地を支配し、ササン朝やグプタ朝を圧していたが、六世紀半ば、突厥とササン朝によって挟撃され滅亡した。

包含した大国家を建設した。これによりソグド人の交易活動がさらに広域におよんで活性化していった。

またこの時期は、中国では狩猟(遊)牧民である鮮卑《せんぴ》▲が建てた北朝系諸王朝や隋《ずい》の時代にあたる。まさにこの時代に、ソグディアナのオアシス諸国は、朝貢国として具体的にその名前が中国に知られてくる。ソグド人たちが、「薩宝《さっぽう》」(サルトポウ、二四頁参照)などに率いられて、さかんに中国領内に入植していたのも、この時期のことであった。この結果、さきにみたように、北朝・隋政権は、京師や地方の諸州に「薩宝」と呼ぶ官職の設置を認め、それをつうじてソグド人の聚落や居留区を統轄させた。

さらに七・八世紀になると、北朝系諸王朝や隋を継いだ唐において、ソグド人の交易活動は画期的な展開をむかえるにいたる。

このように、ソグド人たちの活発な東方進出は、北・中央アジアに強力な遊牧国家が生まれ、また中国においても遊牧民の征服国家やその後継国家が成立していく状況のなかで起こっていたのである。

▼**鮮卑**　もとシラ・ムレン流域にいた狩猟(遊)牧民。はじめ、匈奴に属していたが、二世紀には匈奴にかわってモンゴル高原を支配した。三世紀中葉以降、慕容部(ぼようぶ)・宇文部(うぶんぶ)・拓跋部(たくばつぶ)などが台頭し、それぞれ華北方面に進出した。五世紀に華北を統一した北魏を建国したのは、このうちの拓跋部。

遊牧国家とキャラヴァンルート

遊牧勢力の台頭は、多くの政治権力の領域にまたがって活動しなければならないキャラヴァンの交易にとって、大きな意味を有していた。というのも、遊牧国家の可汗《かがん》の権威のもとに、中央アジア一帯に、ある種の統一的な交通システムが機能するようになったからである。

本来、オアシス国家が国家として往来の安全を保証できる範囲は、せいぜい隣接するオアシス国家との往来ぐらいであった。さきにみたような、オアシス国家の使節としてソグド人が派遣されるような場合、交易ルートに点在するほかのオアシス諸国に対して、逐一、国王の書簡と手土産を贈って、各国を通過する便宜をえなければならなかった。

ところが、遊牧国家ができあがると、その可汗の「勅命」がくだされることによって、広域にわたる遊牧国家の支配領域において、交通の安全が保証されることになったのである。実際に、玄奘《げんじょう》の記録には、今、述べた交通の事情が鮮明に書き残されている。

彼はインドへ旅立つにあたり、往復路ともに中央アジアを経由する陸上ルートをとったが、そのうち往路においてはさきにみた高昌《こうしょう》国に立ち寄っている。このとき、玄奘がこの国を出立するにあたり、高昌国の王は、西突厥の可汗である統葉護《とうようご》▲に書簡を宛てて、「勅命を諸国にくだして、鄔落馬《うらくば》を供出させ、彼を逓送させるように命じてほしい」と願い出ている。

この『慈恩伝』に伝えられる「鄔落」とは、古代トルコ語のウラクを漢字音写した語で、駅伝馬あるいは駅伝用駄獣を意味している。

さらに『慈恩伝』には、さきの可汗が、王庭以西の諸国宛に「国書」を作成し、あわせて漢語および諸国の言葉につうじた側近に、迦畢試国（カーブル北方のカーピシー）▲まで玄奘を送らせたことがみえている。事実、玄奘は途中のオアシス国家で、ウラクと、さらには道案内や護衛などをかねたとみられる「使人」を要求している。当時の西突厥の支配領域からみて、この迦畢試国あたりまでが、このウラクの供出を要請できる範囲であった。

つまり西突厥の統葉護可汗時代には、支配領内の民族と言語を異にするすべてのオアシス諸国に対して、可汗の権威を背景とする旅行者や使節に馬畜と使人を供出する義務を課していたのである。

▼**統葉護**　西突厥の最盛期の可汗であるトン・ヤブグ。彼の支配下に、その領域は、西はペルシアと、南はアフガニスタンに接していたという。オアシス諸国の王には、すべてイルテベルの称号を授け、同時にこれらの諸国にそれぞれ一人の吐屯(トドン)を派遣して、監視させていた。

▼**迦畢試国**　今日のアフガニスタンのベグラームを都とした国。玄奘三蔵の『大唐西域記』によれば、六〇〇〇人あまりの僧侶がおり、その多くが大乗仏教を学んでいたという。また穀物や果実の産出も豊かで、諸国のめずらしい品物が、この国に多く集まってくると伝えられている。

そもそもこの供出は、オアシス諸国が可汗からイルテベルの称号を授与されたことによって派生した義務であったとみられる。この称号自体は、本来、西突厥配下の遊牧部族のリーダーに授与されていたもので、それがオアシス諸国の王にも与えられたのである。

このことから、こうした逓送の義務は、おそらくはオアシス諸国ばかりでなく、草原による各部落にも求められたと思われ、これによって東西突厥支配下のステップルートが脈動したとみられる。

中央アジアに大きな遊牧国家をつくりあげた西突厥は、可汗に臣属するオアシス諸国や遊牧部族に糧食の供出や人畜の労役などを課すことによって、オアシスやステップ地域を往来する交通手段を確保していたといえよう。こうした交通運用が、西突厥の勢力圏内の安全な交通を保証する、一定の交通秩序をつくりあげていたことは疑いない。統葉護可汗の支配時代(七世紀初め)は、こうしたウラクによる逓送体制が、もっとも広域にわたって確立した時期であった。

まさにテュルク系遊牧民の台頭は、オアシス国家を通過するオアシスルートと遊牧民の草原を通過するステップルートにおけるキャラヴァンの往来を、ともに活性化させたのである。

河西とソグド商人

さきに紹介した四世紀に書かれた「ソグド人の手紙」は、河西《かせい》地域のオアシスが、ソグド商人たちが中央アジアから中国内地へ進出する拠点として重要であったことを示している。すでに述べたように、五・六世紀になると、ソグド人の東方進出が本格化し、中国内地にもソグド人聚落が多く設置されるようになるが、それでもなお河西は、依然としてソグド商人の交易拠点として活況を呈していた。

当時の河西は、六世紀後半の北朝末期・隋代には、ササン銀貨（模倣銀貨も含めて）の流入がかなり活発化し、この銀貨（銀銭）が広く流通するにいたっている。中央アジアのオアシス諸国にも、同時期、ササン銀貨が大量に流入しており、トゥルファンでは、五四〇～五五〇年代ころから、社会に深く浸透して流通貨幣として定着していったことが、出土文書により確認できる。ササン銀貨がオアシス諸国や河西に広まっていく要因は、ササン朝における貨幣鋳造の

ササン銀貨

状況をも考慮しなければならないが、その主因の一つに、ソグド商人を介するキャラヴァン交易の隆盛があったことはまちがいあるまい。

そもそも河西という地域は、中国世界への通廊として機能しただけでなく、その南北に広がる遊牧世界へもつうじていた。すなわちモンゴリアと青海・チベット方面とを結ぶ拠点でもあった。河西は、四方の世界を結ぶ境域として重要な役割を演じていたのである。

ソグド商人にとっても、河西は、中国に向けた最前線の進出拠点であると同時に、南北の遊牧世界ともつながる交易上の重要拠点となっていた。この結果として、河西地域は必然的にソグド商人の溜まり場となったのである。隋の対西域貿易に指導的役割を演じた裴矩《はいく》が、この時代、河西にいたソグド商人を京師にまで引きつけようとしたのは、河西がソグド商人の溜まり場となる状況を解消しようとしたからにほかならない。さらに隋だけでなく、その前の北朝時代にあっても、ソグド商人を積極的に京師に誘致し、あわせて河西地域を掌握しようと努めている。いわゆる「胡商」重視政策をとることになったのである。

これは、中国内地をも組み込んで、ユーラシア東方域に広がっているソグド人のネットワークを取り込むためであると同時に、中国内地に侵略する河西以北の遊牧民と河西以南の青海・チベット方面の遊牧民との連携を遮断するためでもあった。そして、この方向は、つぎの唐帝国へと引き継がれていく。北アジア・中央アジアを積極的に支配した唐の姿勢は、じつにこうした政策の延長線上にある。

そもそも唐帝国は、鮮卑族によって打ち立てられた北魏以来の政策を継承し、当初、遊牧民と農耕定着民との融合をめざした。モンゴリアやソグディアナまでをも支配下に組み込み、あわせて長安を中心とした幹線（駅道）を支配地全域に完備しようとしたのも、そうした唐帝国の意図にそったものであった。

オアシス国家とソグド人らは、こうした唐の帝国支配のなかに組み込まれていくが、そのことがオアシス国家やキャラヴァン交易の内容を大きく変化させていくことになった。つぎに、この点についてみてみよう。

⑤—唐帝国の成立とソグド商人

聚落住民の「百姓」化と「薩宝」官の変質

唐は、七世紀前半に、東アジアの世界(中国・朝鮮半島・日本)だけでなく、モンゴリアや中央アジアまでをも包含する大帝国を形成した。この帝国の成立は、漢人(漢文化を有する人)とか非漢人(漢文化以外の文化を有する人)とかの区別なく、帝国領となったすべての地域の人びとが、皇帝のもとに「百姓」▲となることを意味した。また唐は支配地域全体に、州を設置し、その州の下に県を、またその下に郷と里をおいた。郷とは、五里五〇〇戸(一里は一〇〇戸)を建前とする行政単位である。

つまり、七世紀初めに唐が建国すると、ソグド人の聚落《しゅうらく》も、地方に設置した州県下の郷・里のなかに組み込まれたのである。敦煌《とんこう》にあったソグド人聚落の場合、唐の支配のもとで、沙州敦煌県下に属す一三郷の一郷(従化郷)を構成した。

さきにみたように、ソグド人聚落の規模は数百戸程度であるので、ほかの聚

▼百姓　広義には皇帝の支配下におかれるすべての民を指すが、狭義には、官の身分にある者は除かれ、官位を肩書としてもたない一般の民(庶民)を意味する。

落も唐の州県下の郷に組み込まれたものは多かったとみられる。そして、敦煌やトゥルファンから発見された文書より、聚落のソグド人も「百姓」として、州県で作成する戸籍で把握されたことが、具体的にうかがえる。

また州には、直轄的なそればかりでなく、異民族を取り込むために、羈縻《きび》州▲と呼ばれる間接支配のための州が設置された。ソグド人聚落には、郷里制の網にもれ、こうした羈縻州に組み込まれたものがあった。ただし、そこでもソグド人は、唐の「百姓」となった。

要するに、唐の支配下におかれた時点で、それまでのソグド人すべてが、漢人との区別なく、一様に唐の「百姓」となったとみることができる。これは律令による支配の貫徹をめざした唐の統治理念にもとづくものであった。

したがって、それまでソグド人聚落を切り回していた「薩宝《さっぽう》」の官は、唐になると、聚落の統轄官としての立場を失ったことになろう。また聚落民は唐の「百姓」として、徐々に漢化が進展し、ほかの漢人「百姓」と均質化する傾向にあったことはいなめない。こうした漢化の様相の一端は、敦煌のソグド人聚落の例からうかがうことができる。つまり唐は、それまで特例的に自治権が与

▼**羈縻州**　中国の周辺諸族に対する統治策。羈縻とは「馬のおもがいと牛の鼻づな」の意。帰順してきた異民族をつなぎとめておくため、その首長らに中国の官爵などを与えてこれを間接統治することからいう。唐は、東北・北・中央アジア方面への支配領域の拡大とともに、この政策をたくみに用いて、その帝国的支配を強固なものにした。具体的には、内付してきた異民族を内地の州府に擬した八〇〇あまりの羈縻都督府・州に付け、首長などに都督・刺史の称号を授けて、その身分を保証した。

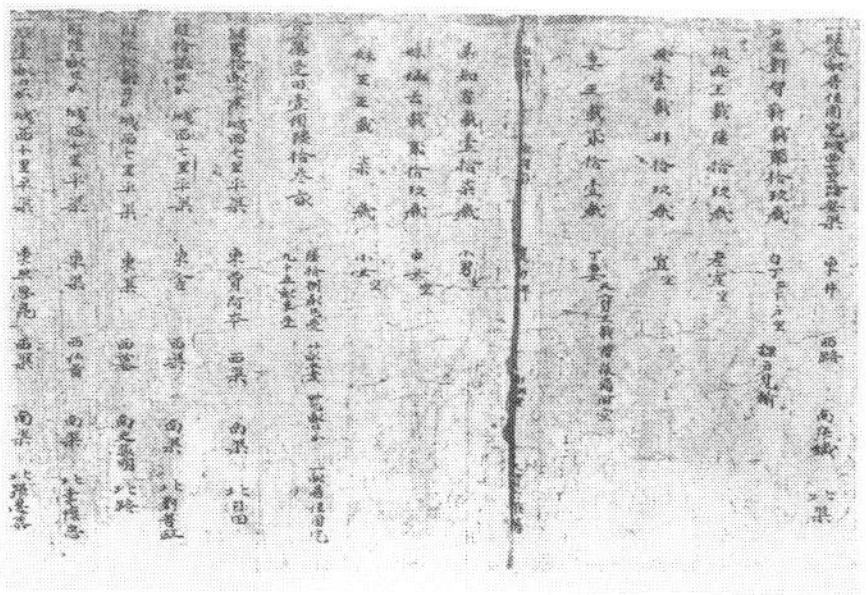

戸籍　「唐天宝六載(七四七年)敦煌郡敦煌県龍勒郷都郷里籍」(ペリオ三三五四号文書)

えられていたソグド人聚落を、完全に支配の網にかけたといってよい。

ただし唐の時代に移行して、彼らの聚落としての自治性が消滅したといっても、聚落そのものが解体されたわけではない。律令支配の貫徹をめざした唐が、律令制下の官としては特殊な「薩宝」官を、祆教《けんきょう》の統轄にその職掌を限定して残したことは、唐のソグド人聚落にたいする姿勢を明らかに示すものであろう。すなわち、ソグド人を漢人と同じく「百姓」としてあつかう一方、祆教信仰を中心とする彼らのコミュニティとしてのまとまりは維持させていたことをうかがわせる。

実際にも、ソグド人聚落は唐の州県管下にあって、漢化が進みながらも、宗教、さらには言語・文字など、彼らの文化をなお保持するコミュニティとして存続していた。そして、なによりも、彼らの交易ネットワークの拠点としての機能を依然としてもっていた、とみられる。

ところで唐は、定期的に作成する籍帳によって「百姓」を掌握したうえで、極力その移動を制限する方針を保持していた。これを本貫地主義といい、律令による支配の根幹をなすものであった。もちろんこれは建前であって、現実には、非合法な人の移動を厳禁することなどできるはずもなかった。反対に、「百姓」が合法的に本貫を離れる方途が設けられており、それが「過所」や「公験」と呼ばれる通行許可書の取得であった。これらを携帯すれば、駅道と呼ばれる公道上を安全に往来することができたのである。

「過所」とは、地方では州で発給する通行証であり、州の管轄領域をはるかにこえた遠隔地を往来するためのものであった。その範囲は唐の支配地全域におよんだ。これに対して「公験」とは、県レベルでも発給できるもので、州・県それぞれの管轄領域内や隣接する州・県との往来を公認するものであった。

つまり、「百姓」となったソグド人であっても、郷里を離れて合法的に商人として交易活動することは、こうした「過所」や「公験」が取得できれば可能であったのである。例えば、八世紀にトゥルファン(西州)の「百姓」となっていたソグド人の石染典《せきせんてん》▲は、「過所」や「公験」を取得しながら、トゥルファンを中心に東は瓜州《かしゅう》、西はクチャ地域を交易活動の範囲としていた。非合法な往来ではなく、公道による安全な通行が確保されていた。

ただし、通常、「百姓」への「過所」の発給には、州県での厳しい審査が待

▼**石染典**　中国にいるソグド人は、奴隷でなければかならず漢字姓をもっていた。これには、中国では姓のない人間は奴婢とみなされる、という背景がある。従来、出身オアシスによって漢字姓がつけられる、と説明されることが多かった。例えば、サマルカンド出身は康姓、ブハラ出身は安姓、タシュケント出身は石姓、クシャーニヤ出身は何姓、キッシュ出身は史姓というようにである。ただし、姓の付け方については、詳しいことはわかっていない。また、石・何・史などの姓は、漢人の姓にもあるので注意が必要であるが、染典という名は、漢人の名ではなく、ソグド語 Zymt-yn と解することができる。

●—**アスターナ古墳群**　生の史料となる貴重な文書が多く出土した。

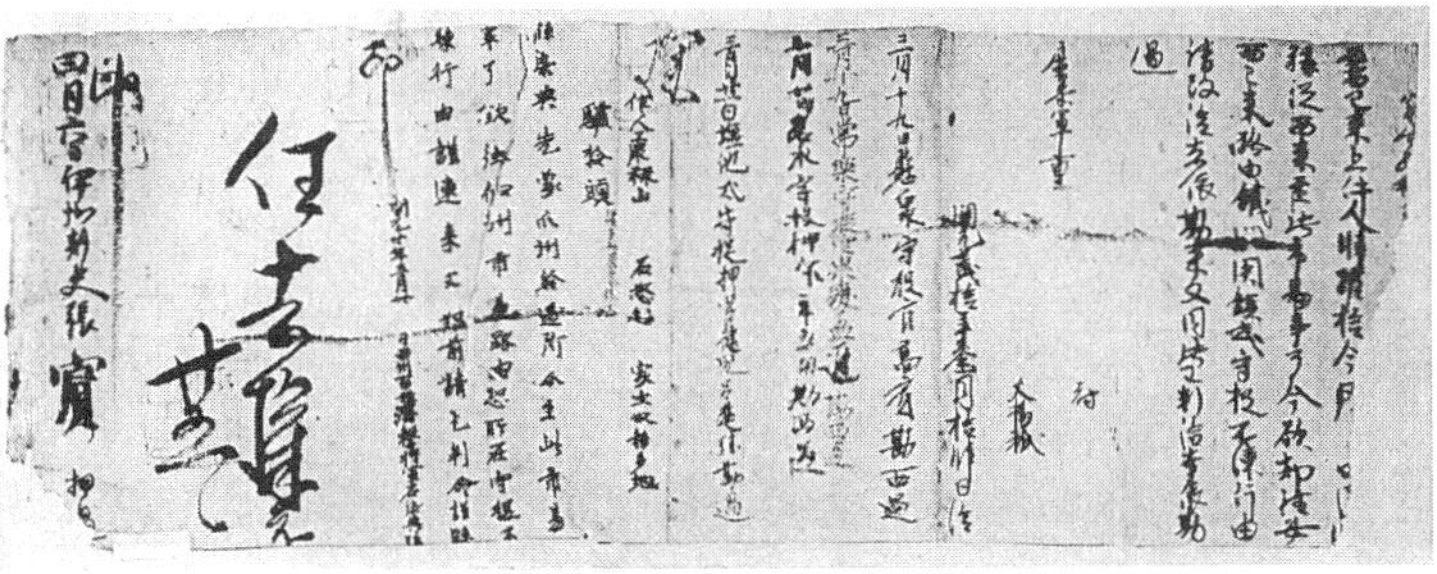

●—**「過所」文書**（アスターナ出土）

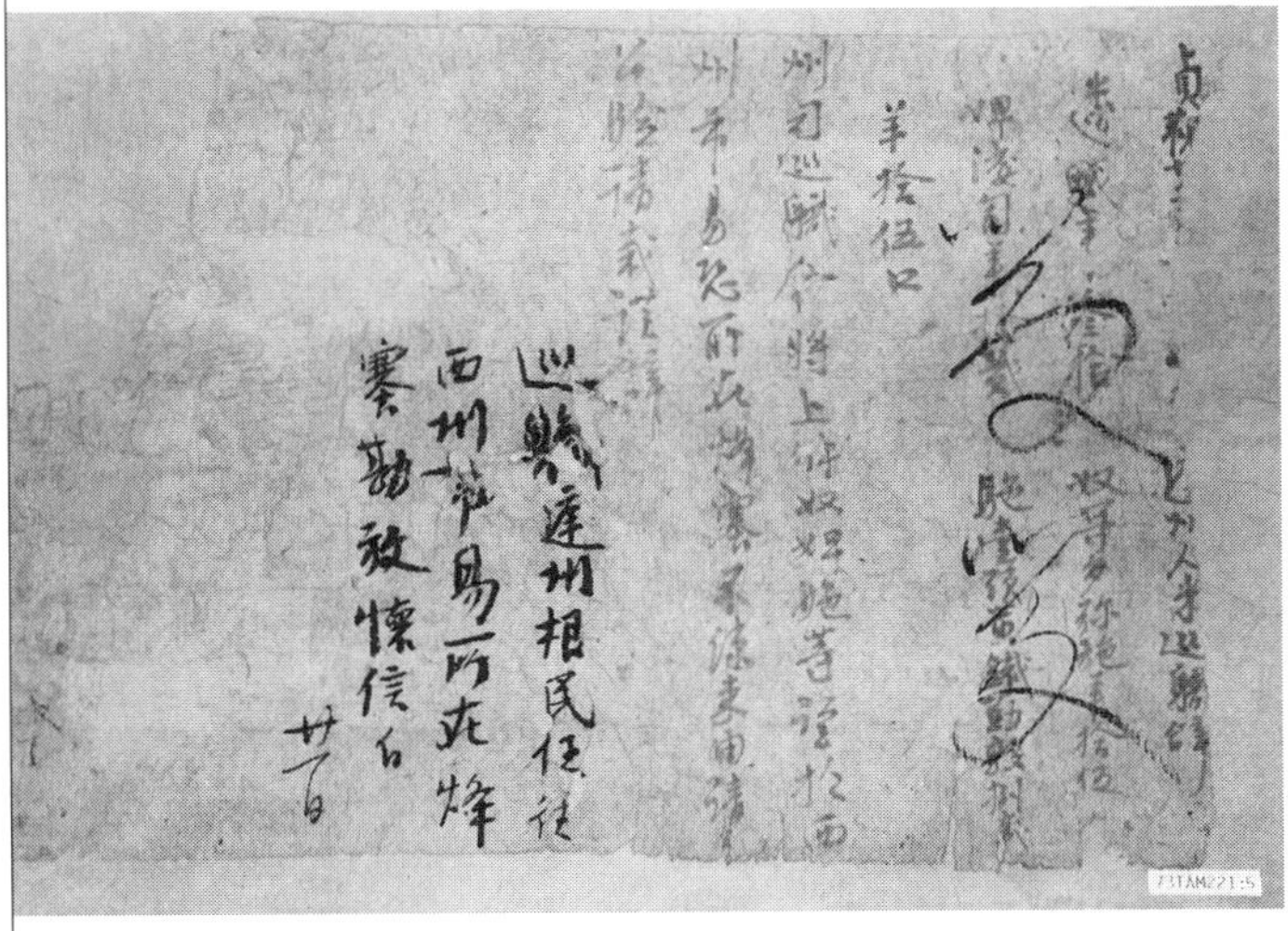

●—**「公験」文書**（アスターナ出土）

▼**散官**　実際上の職務をともなった職事官に対して、官としての職務が実質的になく、たんに身分の上下を示すにすぎない官を指す。階あるいは階官とも呼ばれる。すべての官僚は散官を有した。百姓もこれを肩書にもつことによって、名目上ながら官人の身分をえた。

っていた。同行する男女の奴隷や雇用人の身元保証や家畜の出所証明がすべてとられ、不在もしくは逃亡時に、だれがかわって税役を負担するのかも、明確にする必要があった。「百姓」のうち合法的に遠隔地へ出立できるものは、かなり限定されていたとみられる。

さきの石染典の場合には、彼は「百姓」ではあったが、散官《さんかん》▲とはいえ「遊撃将軍」(五品官)を肩書にもつ、歴とした官人でもあったのである。たんなる「百姓」ではなく官人であることが、「過所」の取得を容易にさせることはいうまでもない。『新唐書』巻五〇、兵志には、八世紀前半、羈縻州「百姓」のソグド人が、「遊撃将軍」を銭物で取得していたことを記している。当時、律令制の弛緩とともに増大した買官により、これらの通行証を取得するソグド人「百姓」が少なくなかったことを示唆している。

商業活動に従事する人びとをかかえるソグド人聚落が、唐の律令制支配下において、建前として、本貫州県外への自由な交易活動を制限されていたことはいなめない。しかしながら、実際には、非合法な往来ばかりか、合法的に往来できる道が準備されていた。とりわけ、律令体制そのものの弛緩とともに、ソ

北庭城の遺跡

グド人聚落の「百姓」で「過所」を取得して、遠隔地交易に従事する者が増加していったことが推測できるのである。

外来ソグド人の往来

唐の基本的な外交方針として、国境の出入については、公使以外には許されていなかったが、ただソグド人だけは例外的な存在となっていた。ソグド人が唐内地をめざすには、タリム盆地北縁の安西(クチャ)や天山東部北麓の北庭(ジムサ)などのオアシスを通過してくるが、唐は、これらのオアシスにおいて、さきに述べた通行許可書たる「過所」を彼らに発給し、その入境を許可していたのである。実際、朝貢使節として唐に入境してくるソグド人以外に、多くのソグド商人が唐内地とソグディアナとのあいだを往来していた。このなかには、唐内地に活動の拠点をもっていたソグド人も数多くいたとみられる。

唐は、こうしたソグド商人を、州県の戸籍につけた聚落の「百姓」とは峻別し、寄寓する州県において、彼らを「興胡《こうこ》」という肩書で掌握したのである。

じつは、こうした「興胡」も本来は、律令支配にもとづく帝国支配の論理からすれば、唐の「百姓」であったのである。というのも、高宗の時代に中央アジアに支配圏が拡大すると、ソグディアナ諸国に間接支配ながらも唐の羈縻州がおかれ、ソグド人は唐帝国支配下の「百姓」となっていたからである。

ここにいう「興胡」と「百姓」の関係は、直轄領内における「行客」と「百姓」の関係とかさなりあう。さきにもふれたように、「百姓」は原則として移動が厳禁されていた。ところが、実際には、唐は直轄領内にあって、「百姓」でありながらも本貫を離れ、寄寓地で管理される人びとを早くより認知せざるをえなかった。このような「百姓」は、等しく「行客」(本貫を離れた客・客戸)という肩書で州県に把握されたのである。

外来ソグド商人である「興胡」も、唐の帝国的秩序の構造からすれば、この「行客」と同じ立場であったのである。「行客」は寄寓州県に税銭をおさめる存在になっていたが、この扱いは「興胡」もまったく同様であった。

こうした唐帝国の成立は、キャラヴァン交易に従事するソグド人にとって、従来の交通・交易環境を大きく変化させるものとなった。

例えば唐以前にあっては、ソグド人がオアシスルートにそって往来するにあたっては、さまざまなオアシス諸国を通過しなければならず、そこでは自由な通行と取引が許されていたわけではない。オアシス国家ごとに逐一、通行の許可をえなければならなかったし、さらにはオアシス国家の財源の一つとして、少なくとも外に向かって開かれていた「市」でおこなわれる商業取引には税が課されていた。さきにふれたように、麹氏《きくし》高昌《こうしょう》国の都城の「市」では、金・銀・香料など重さで売買される特定商品の取引に、売買された商品の総重量に応じて税が徴収されていた。

　唐帝国が成立すると、中央アジアに対する支配とともに、交通システムが整備され、公道つまりは交易ルートの治安維持が保たれた。さらにオアシス国家ごとの通行規制も消滅した。また「市」における税徴収も、この時期、原則としてなくなったのである。このことは、朝貢以外でも、ソグディアナと中国とを直接に往来するような遠隔地交易が、極めて容易にできる環境が整ったといえよう。その結果、一部の「興胡」の交易活動は、唐が貫通させた公道に依存して、中国内地と中央アジアを直接に往来するダイナミックなものになっていった。

そして、こうした公道上の往来を公的に保証したものこそ、「過所」であったのである。つまり唐は州県をつうじて掌握した「興胡」の移動を、その州の役所が発給する「過所」によって保証したのである。また唐の公道はすべて長安に直結しており、ソグド商人の帝都への交通も公的に保証された。さきにみたように、北朝・隋《ずい》朝期には、河西《かせい》地域がソグド商人の溜まり場となってしまう状況があったが、唐帝国は、これを完全に解消したといってもよかろう。「百姓」ソグド人も、一面では唐の「百姓」として漢化を受け入れながらも、そのコミュニティを存続させ、「百姓」の立場で唐の公道をつうじて、遠隔地を往来する者が登場していた。ソグド人聚落を拠点に彼らが構築してきた交易ネットワークは、唐帝国の公道によって張りめぐらされた広域かつ細密な行政ネットワークの上に乗って、重層的に機能するようになったのである。

このようにソグド商人は、まったくの外国人として存在する唐以前の間接的な統治対象から、唐帝国の支配のもと、「百姓」「興胡」として州県に直接的に把握される存在に変わっていった。唐代の彼らの交易活動とは、このような状況のもとにおこなわれたのである。

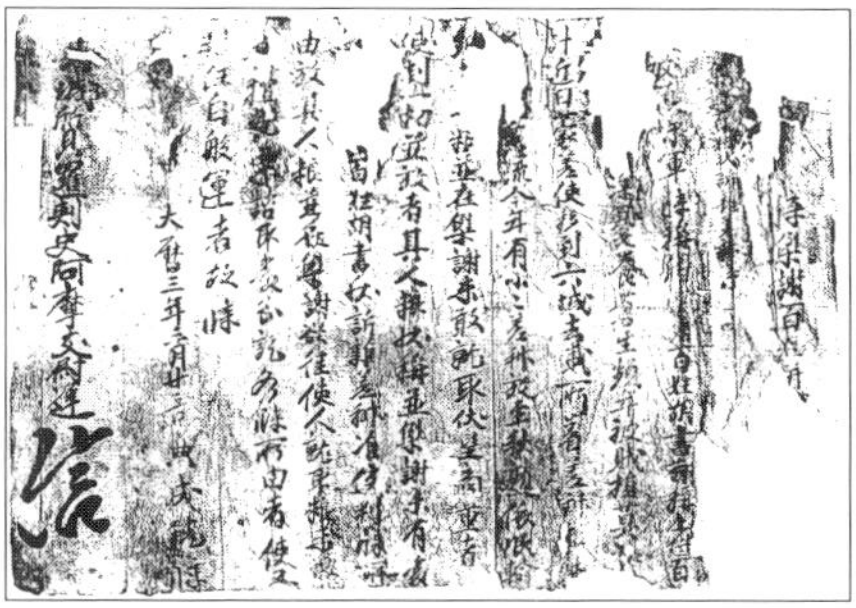

尉遅氏のサインのある文書　尉遅氏は、羈縻州府がおかれたコータン国の王族である。

他方、こうしたソグド人と並んで、中国内地の漢人からも、ソグド人をパートナーとして中央アジアへ遠隔地交易をおこなう者が、この時期、あらわれてくる。それまでソグド人が独占していた「シルクロード」の交易に、中国内地の漢人も参加し、国境をこえて西方へ進出していた。

唐帝国支配下のオアシス諸国

唐がオアシス諸国を支配下においたことは、さきにみたとおりである。オアシス諸国は、唐の皇帝と支配・被支配の関係を構築し、皇帝の臣民となって帝国を形成した。ただし、オアシス諸国のなかには、唐の皇帝のことを天可汗《てんかがん》と呼ぶものがあった。この称号は、そもそも可汗をトップリーダーにいただく遊牧民が、新たなリーダーとなった唐皇帝を呼んだもので、それがオアシス国家でも使われていたのである。唐という国家が遊牧国家やオアシス諸国からどのように認識されていたのか、その一端がうかがえる。

そうした唐は、オアシス諸国に対して、独立国家としての立場を認めると同時に、羈縻州府を設置し、その長官に王をすえる体制をとった。とりわけ、タリム盆地周辺のオアシス諸国には、本格的には八世紀以降ながら、唐内地より行軍してきた軍隊を鎮守軍として常駐させた。

その結果、オアシス諸国は、それまで有していた外との交通や交易の管理権を消失した。これらは唐側に吸収されていくことになったのである。タリム盆地周辺のオアシス国家にしてみると、それは同時に遊牧国家の間接的な支配から唐帝国の軍事支配へ移行することでもあった。ソグディアナのオアシス諸国も、唐の羈縻州府として、人畜・糧食の供出など、相応の義務を負ったとみられるが、タリム盆地周辺のオアシス諸国は実質的に唐によって軍事占領されたのである。このことが、当地の社会やキャラヴァン交易の様相を大きく変化させたことは必定で、それはソグディアナ諸国の比ではなかった。そこで、以下では、この問題についてみておきたい。

唐にとってタリム盆地周辺に対する軍事支配は、財政的には大いなる出費でしかなかった。というのも、各オアシス国家に駐屯させた鎮守軍に対して、毎年、大量の軍需物資を中国内地より送付しなければならなかったからである。軍需物資でも多くを占めていたのは絹布であり、それは唐内地において庸調《ようちょう》と呼ばれる税として徴収されていた。したがって、防衛経費として西方へ送納する絹布は、唐の国家財政の大きな枠組みとなっていたのである。

なかでも絹は、駐留する兵員の給料や、軍糧を買い上げるための資金となったが、この背景には、絹が唐内地で銅銭とともに貨幣として用いられていたことがあった。ただし、この絹は、奢侈《しゃし》品である錦のような高級な絹織物でなく、一般に流通する通常の絹織物（練《ねりぎぬ》▲・生絹《きぎぬ》▲・絁《あしぎぬ》▲）であった。

しかしながら、オアシス諸国に送る軍需物資の規模は、七世紀段階ではさほどではなく、莫大な量の絹布を毎年、送らなければならなくなるのは、八世紀になってからであった。

というのも、七世紀はタリム盆地周辺のオアシス諸国をめぐって、吐蕃《とばん》▲（チベット）と抗争の最中にあり、この時点では、まだオアシス諸国を持続的に支配下におけなかったからである。つまりは、大規模な軍事機関（鎮守軍）が常置される以前の段階では、毎年の中央財政からの絹布の支出額を、それほど過大視することはできず、その送付量もおのずからかぎられたものであったと推測される。

▼練　生糸で織りあげた「生(き)織物」を精錬・染色する場合と、糸の状態で精練・染色して織物とする場合とがある。

▼生絹　糸の状態で精練・染色しないで、白糸のまま織りあげ、あとから必要に応じて染色加工をほどこすものをいう。

▼絁　平織りの粗い絹織物。平織りとは、経糸と緯糸が一本ずつ交互に浮沈交替して織り合わされるもっとも基本的な織り方。

▼吐蕃　七世紀にチベットに成立した独立国家。吐蕃は、唐側からの呼称。唐は、外交的には、ほかの周辺諸国と区別して、これを唐と対等の国としてあつかった。中央アジアをめぐって、唐とつねに対峙し、安史の乱の際には、一時期、長安を占拠した。また当時のチベットは、西方や南方の進んだ文明圏と活発に交流しており、東方の中国は、そうした周辺の文明圏の一つにすぎなかった。

ところが七世紀も末になると、唐は天山北方のテュルク系遊牧民である突騎《とっき》施《し》(テュルギシュ)▲と連合軍を組み、それまで唐とタリム盆地周辺地域の支配を争っていた吐蕃(チベット)を撃破した。その結果、オアシス諸国は、持続的に唐の支配下に組み込まれることになった。これ以降、亀茲《きじ》(クチャ)オアシスには、一貫して安西都護府がおかれるようになり、あわせてここに三万の兵員が派遣され駐留するようになった。唐のタリム盆地周辺地域にたいする支配が、軍事支配の強化を目的とした積極的な経営姿勢に変化していったのである。

このあと、河西を含め辺境地域一帯に、陸続と数多くの軍鎮が常駐するようになり、やがてこれらを統括する節度使制度が形成されていく。そのため、その軍事的な負担が急増するのは必至となっていた。

とりわけ開元時代以後の軍事費の増大は顕著であり、『旧唐書』▲巻三八、地理志には、天宝中の毎年の具体的な軍事経費として、おおよそ一二一〇万(将兵の給与・穀物買上げの資金一〇二〇万疋段と軍糧一九〇万石の合計)という数字を掲げている。さらに同史料には、「開元年間以前では、毎年、辺境で支出する費用は二〇〇万にすぎなかったのが、天宝年間には、この額(一二一〇万)に

▼**突騎施**　トルコ語テュルギシュの漢字表記。突騎施は、もと西突厥を構成した一〇部族の一つで、天山北方のイリ河流域に遊牧していた。烏質勒(うしつろく)なる族長のもとにしだいに台頭し、七〇三年ころ、砕葉(さいよう)城(現、キルギスタン、チュー河流域トクマク付近)を攻略してここに本拠を移した。この結果、砕葉に進出していた唐の勢力は後退し、西突厥も名実ともに崩壊した。

▼**『旧唐書』**　五代、後晋の劉昫(りゅうく)らが、詔勅を奉じて撰述した唐一代の歴史書。歴代正史の一つ。北宋代、欧陽脩(おうようしゅう)らによって撰せられた『新唐書』にたいして、この名がある。

達している」と記されている。

要するに、天宝年間には軍事費が開元以前の六倍強になったと指摘しているのである。

上記の一二一〇万のうち、タリム盆地周辺やそれに連なる河西方面に振り向けた軍需物資の支出額については、中央財源からの支出にかぎると、天宝時における規模にかんして、『通典』▲巻六、食貨・賦税下につぎのようにみえている。

(1)「糴米《てきべい》・粟《ぞく》」(絹による軍糧の買上げ費用)……総額一〇〇万疋段(このうち河西八〇万、伊・西・北庭八万、安西一二万)/唐全体で三六〇万疋段

(2)「給衣」(将兵に給付される絹布)……総額一七〇万疋段(このうち河西一〇〇万、伊・西・北庭四〇万、安西三〇万)/唐全体で五三〇万疋段

これによれば、安西節度使(クチャ)、伊(ハミ)・西(トゥルファン)・北庭(ジムサ)節度使および河西節度使に対して、毎年、軍糧の買上げ用に絹一〇〇万疋段、将兵の給与支給として一七〇万疋段もの布帛が費やされていたことが知られる。したがって、安西・北庭・河西方面だけで二七〇万疋段もの絹布が毎

▼**『通典』** 唐の杜佑(七三五〜八一二)の撰。貞元十七(八〇一)年に成る。唐天宝年間にいたるまでの中国歴代の典章制度について記す。唐代の政治制度や社会経済を研究するうえに、欠くことのできない史料となっている。

年送られ、中央財源による軍事支出全体の三〇%近くを占めていたことがうかがえる。

この背景には、とりわけ開元年間末〈開元二十五〈七三七〉年〉以降、民間からの買上げによる兵糧確保が盛行するとともに、兵卒が徴兵から給与を支給される職業兵の制度に移行するようになり、軍需物資としての布帛の需要額が、巨額な数字に達する事情が存在した。河西だけでも一八〇万疋段もの布帛が毎年内地州県から送付されており、七世紀の数万疋段というレベルから考えれば、まさに飛躍的に増大したわけである。

こうした八世紀における河西地方や中央アジアへの軍需物資の大規模な送達は、その輸送を確保するための体制作りを新たに要求させていくことになる。

七世紀のころより、オアシス諸国に軍需物資を送り出す基地は、涼州にあった。ここに中国内地において税としておさめられた絹布が、いったん、ストックされていたのである。ここを中継点として、河西・中央アジアのオアシスへ絹布が送られる体制が構築され、この体制は、唐の初めより一貫して変わっていない。こうした涼州の輸送基地としての立場は、ここが唐の建国以前より、東西交通の要衝として交易の重要拠点であったことに由来するものであろう。

ただしその絹布の輸送を担った主体は、七世紀の段階では、徭役《ようえき》▲として徴発された人夫・馬夫たちであったのに対して、八世紀になると、輸送量の激増から、実質的に商人にその輸送を請け負わせるように変化した。

名目的には「行綱」と呼ばれる官員の輸送責任者のもとに輸送隊が組織されるものの、実質的には「駄主」と呼ばれる客商▲が輸送を請け負い、その「駄主」が「作人」と呼ばれるものを雇用して、輸送隊を組んでいたのである。「作人」には「興胡」もおり、彼らは、自ら所有する驢《ろば》などを率いて輸送隊に参加した。

涼州には、多くのソグド人らが早くより集住し、政治的にも大きな影響力を有する存在となっていたが、このことを考えれば、こうした「駄主」や「作人」に、漢人の商人ばかりでなく、ソグド商人も含まれていたことは当然のことであった。

唐は交通路や交通システムの整備を進めるとともに、唐内地とオアシス諸国とを往来していた商人を利用して、中央アジアにたいする軍需物資輸送を維持

▼徭役体制　国家が必要とするさまざまな労役を、百姓からの徴発で確保する体制。

▼客商　各地を往来して商売をする遠隔地商人のことを指し、店舗などをかまえ固定した場所で商売をする定着商人とは明確に区別される。

していたといえよう。このような商人が、ソグド人・漢人ともに州県に掌握されていたことはすでに述べたとおりである。

こうした唐内地官員と商人たちとの提携の結果、大量の軍需物資である絹布がオアシス諸国に流れ込んできたのである。

安西・北庭方面へは、さきの支出統計によれば、天宝期で毎年一〇〇万疋段近くの絹布を輸送しているので、涼州で組まれる輸送隊の規模もかなり大きくなっていたと思われる。張籍「涼州詞」(『全唐詩』巻二七、第二冊、中華書局、三八一頁)に、

辺城、暮れの雨、雁、飛ぶこと低く
蘆筍、初めて生じ、漸く斉しからんと欲す
無数の鈴声、遥かに磧を過《こ》え
応駄の白練、安西に到る

とあるのは、まさに涼州から中央アジアのオアシス諸国に定期的に陸続と送り出された、当時の軍需物資としての布帛輸送の情景をよく伝えている。

いうまでもなく、こうした布帛輸送に便乗して、輸送隊に参加した商人たち

は、個々人レベルでの交易をおこなっていた。このほかにも、当地に駐留する軍隊や行政府が組織する輸送隊が多くの物資を頻繁にやりとりしているが、これらの輸送にも商人がかかわるケースは少なくなかったと思われる。商人たちは、唐の駐留軍や官員と持ちつ持たれつの関係を結び、自らの商業活動を展開していたのである。これが、唐代キャラヴァン交易の一つの特徴となっていたといってよい。

オアシス諸国と唐内地との経済連動

さきにみたように、唐内地からは、莫大な量の絹布が、実質的には商人に請け負わせた官営輸送隊によって定期的に流入してきた。これらのうち絹(練・生絹・絁、六一頁参照)は、唐全体に流通する貨幣として、オアシス諸国に駐留する兵士の給料となるとともに、駐留軍の必要物資の購入に消費されていった。

駐留軍の必要物資の購入としては、まず、軍糧としての穀物の買上げがあげられる。もちろん軍糧確保のための屯田《とんでん》も各オアシスに開かれていたが、そこからの収穫では十分ではなく、あわせて軍が穀物を現地で買い上げていたのである。

じつは、この買上げには、一般農民用と商人用との二通りの方法が設定されていた。このうち商人たちのもたらす穀物は、オアシス間を往来するキャラヴァン隊によって確保されており、その輸送量も一般の農民がおさめるそれに比べて、はるかに規模は大きい。

また穀物の買上げにあたっては、一般農民には、買上げ価格が時価によって設定されていたが、商人用のそれは、一般農民用の買上げ価格よりつねに安く抑えられていた。こうした穀物買上げに商人が応じていたのは、官の強制的な側面もあろうが、なによりも一時に穀物を大量に買い上げ、しかも対価として支払われる練・生絹・絁は、先払いされていたからである。

ここにも唐の駐留軍と商人との持ちつ持たれつの関係が認められる。

また、塩・醤油・野菜・肉など、市場での日常物資の購入や、馬・驢のような家畜の購入なども、銅銭とともに絹によってなされていた。このうち馬などの家畜の購入は、主に商人をとおして遊牧民より購入していたとみられる。

兵員への給料をはじめ、こうした軍鎮の必要物資の購入によって支払われる

コータン出土の契約文書　建中七(七八六)年に、コータンの住民、蘇門悌が銅銭一万五〇〇〇文を借り受けていた。

絹である練・生絹・絁が、タリム盆地周辺の軍事支配が本格化する八世紀以降、オアシス諸国の農民や商人らに毎年、大量に流れ込んだのである。

つまりは、唐代のこれらのオアシス諸国は、外との交通・交易に対する管理権を失いながらも、唐の軍事支配のもと、一種の軍需景気にわいていたともいえよう。

また、こうした絹以外でも、唐の銅銭が八世紀以降、貨幣としてかなり流通していた。例えばコータン王国では、領内の小規模なオアシスの住民でさえも、契約書を作成して、生活に要する銅銭を在地の寺院などより借り受けていた。このことは、コータン王国の中心都城ばかりでなく、周辺に点在する小さなオアシスの社会にまで、銅銭が深く浸透していたことを示している。しかも、この契約書の作成時期は、八世紀後半であり、すでに唐の中央アジア支配が実質的に終わりを告げていた時期にあたっている。

さきにみたようにオアシス諸国では、六世紀にはササン銀貨が流通するようになっていたが、それが八世紀以降には、唐内地と同様に、絹(練・生絹・絁)と銅銭がともに深く流通する地域に変化していった。大まかな見方をすれば、八世紀を境として、オアシス諸国は、西アジアの貨幣が流通する経済圏を離れ、中国の貨幣が流通する経済圏に完全に移行していったのである。そして、この背景に、毎年、定期的に繰り返される唐内地からの大規模な軍需物資の流入があった。

またこの時期には、道路や交通関係の施設などの整備が著しく進んだ。オアシスルートだけでなく、天山北方のステップルートなどにも、遊牧民が「漢道」と呼ぶ唐帝国の公道が整備され、その途上に、駅館やそれに準ずる交通施設が配置されていった。

この「漢道」は、さきに述べた通行証の「過所」によって、商人でも利用することができ、さらに往来するだけでなく、病気療養のために、公道上の交通施設に滞在することも可能であった。また交通路の拠点には唐の軍隊が駐留し、一定の安全が確保されていたことは、キャラヴァン隊の往来を小人数で柔軟に対応できるものとした。

こうした良好な移動環境が、過所を取得することによって、基本的には唐帝国の支配領域全体におよんで保証されたのである。ソグド人の交易ネットワークも、まさに以上にみてきたような新たな環境のもとで機能するようになった。

このような状況のもと、唐内地のヒトだけでなく多くのモノが、オアシス諸国にまで広く流通するようになった。それは、軍需物資として流入した絹布だけでなく、あらゆる種類の繊維製品（衣類）をはじめ、食材や生薬など多様な生活用品におよんでいた。オアシス諸国にしてみれば、唐帝国の支配下におかれることによって、圧倒的な勢いで中国内地のモノが流入したのである。唐の整備された交通環境のもと、キャラヴァン商人たちは、こまめに取引をかさねていくばかりでなく、遠距離間を往来する軍物輸送隊などに便乗しながら、豊富な商品の安定的な供給を遠隔地間にあってもはたしていたのであろう。

また、経済の要ともなる穀物や絹布、家畜などの物価（銅銭で表示）も、中国内地とオアシス諸国とで大差がみられなくなり、両者は、経済的に同化していった。唐内地で貨幣として使用された銅銭や練・生絹などの大量の流通が、それを支えていたのである。

ただし、唐帝国による交易管理の建前上、唐の法令たる「関市令▲」の定めるところでは、絹布類（錦《にしき》▲・綾《あやぎぬ》・羅《うすぎぬ》▲・縠《こめぎぬ》・紬《あつぎぬ》・綿《まわた》・絹・絲《きぬいと》・布《あさぬの》）と貴金属（金・

▼関市令　中国の法律で、律は刑法典に相当するのに対して、令は行政法ないし民法典にあたる。関市令はそうした令の一つで、この名のもとに交通や交易にかんする法規が列挙されている。交通の要である関所と、交易の拠点である市などの運用を具体的に規定する。令そのものはすでに散佚しているが、『唐令拾遺』として多くの令の法規（関市令としては一四条）が復元されている。

▼錦　三色以上の色糸で文様を織り出した絹織物。

▼羅　レースのように薄く透けた網状の絹織物。経糸が緯糸をまたいで隣の経糸にからみあいながら、地と文様をあらわす。薄地の羅を透かして、下の衣服の色を浮かび上がらせたり、刺繍の下地裂に使われたりした。

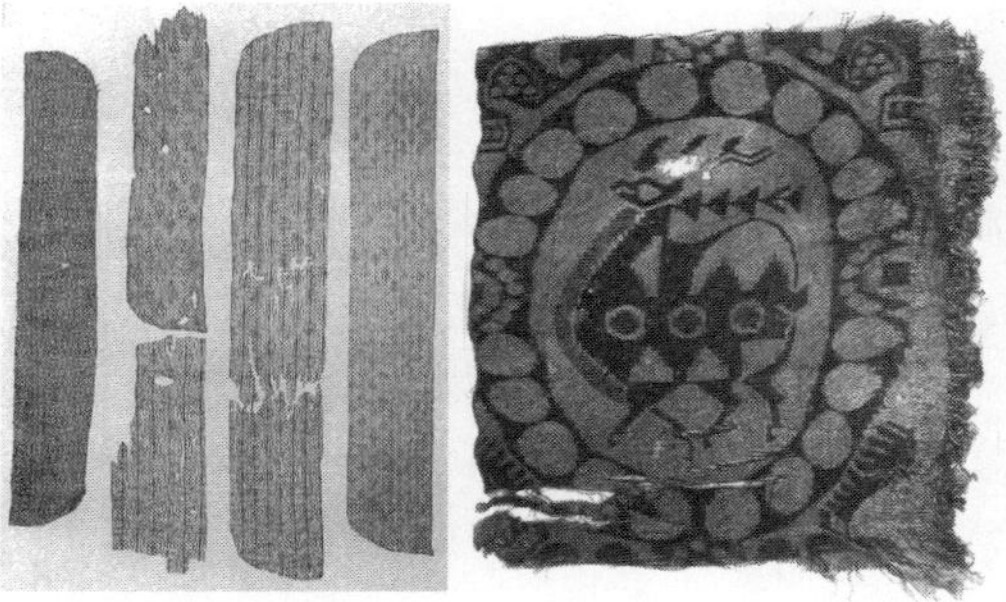

唐代の絹織物　右が錦、左が羅。アスターナ出土。

銀・鉄)にほぼ狙いをつけて、これらを西辺・北辺の関所より持ち出すことを禁ずるばかりでなく、国境近くの諸州へ持っていって商うことも許さなかった。また、国境地帯における交易も、官によって場所・時期・商行為全体が規制される互市を主体とし、それ以外も州や県の官市をつうじておこなわれる決まりであった。

国境あたりに配置された関所での通行チェックのことを考えれば、これらの規定が、唐帝国の全盛時期に、まったくのザル法となっていたとも考えにくいが、現実にはさまざまな抜け道が、当然のことながら用意されていた。さきに述べたような、駐留軍が関与する絹布輸送に便乗して交易をおこなうケースも、その一つであろう。さらに、オアシス諸国には、遠隔地交易の一形態でもあった朝貢使節を派遣することが、依然として認められていた。これなども、堂々と禁制品である絹布や貴金属を持ち出すことができるものであろう。

唐のタリム盆地周辺にたいする軍事支配は、唐内地のヒトだけでなく、それまでのキャラヴァン交易では流通しえなかったようなモノを、官主導によって形成された新たな交通・交易環境のもとに、オアシス諸国にまで流し込ませることになった。

また文化の面でも、それまで中央アジア経由で先進文化を受容してきた中国が、唐の時代には、反対に自らの文化をオアシス諸国におよぼすこともあった。こうした、中国内地から中央アジアへの、ヒト・モノ・文化の拡大現象が、唐代「シルクロード」の隆盛といわれるものの、実態でもあったのである。

唐帝国の崩壊とその後の動向

唐帝国の成立とともに失われたオアシス諸国の交通・交易の管理権は、八世紀後半に始まる唐の軍事支配の後退とともに復活したが、このとき、ソグディアナは、唐にかわってこの地に支配をおよぼした西方のイスラーム勢力のなかに、呑み込まれてしまっていた。

ソグド本国の商人の東方への交易が、イスラーム圏に組み入れられたことによって衰退したという見方があるが、このことはただちに陸上経由による東西交易そのものが衰退したことを意味するものでは決してない。実際にはイスラーム圏と、天山北方からモンゴルにいたるステップルートとの連携が始まっていたとみるべきである。イスラーム資料には、九世紀のころ、天山北方のステップに駅の施設がおかれていたことが報告されている。もちろん、オアシスルート経由の交易ルートも健在ではあるが、ステップルートが交易路として脈動していたのである。

こうした情勢にともなって、新たなオアシス国家が九世紀末に天山の東端部にできあがった。すなわち、テュルク系遊牧民を支配層とする西ウイグル王国▲であり、天山北方におけるステップルートの重要な拠点を抑えつつ、トゥルファンのオアシスを支配していた。また、十世紀に建国した遼も、こうしたステップルートをつうじて、西方との交易をさかんにおこなっていた。

そして、遊牧民による新たな華北定住地支配が、この時代から始まるのである。

森安孝夫は、この時代において遊牧民が「征服王朝」的な動向、つまり草原地域に政治的拠点を残したまま、定住地域を支配するような動向を示すようになることを取り上げ、その背景として、遊牧民がこの時点で、定住地を支配するに必要なさまざまな政治・経済・文化的装置を備えはじめていたことを指摘

▼西ウイグル王国　九世紀中葉に政治動乱などが起こり、西北のキルギズ勢力の侵入を導くと、ウイグル遊牧国家は滅亡の憂き目をみることになり、その部民の多くも四散した。一部は、唐の北辺に南下したり、一部は西遷して、天山東部方面やカルルク・吐蕃にはいった。ウイグルの名を継承したのは、龐(ほう)テギンに率いられ天山東部に向かった一派で、彼らはそこで西ウイグル王国と呼べる態勢をとったうえで、その首都を焉耆においた。ただし、焉耆が首都であった時期は短く、やがてビシュバリクとトゥルファンのカラ＝ホージャを夏・冬の都とするにいたる。同国の領域は、天山東部一帯に、東はハミ、西はクチャにおよび、その支配者ははじめに可汗、のちにイドゥククトという称号を採用している。またマニ教を信仰していたウイグル人も、国内の漢人やトカラ人仏教徒の影響を受けて、徐々に仏教が浸透し、遅くとも十一世紀までにマニ教は完全に駆逐され、かわってウイグル仏教が主流となっていく。十三世紀初頭、モンゴル帝国が勃興すると、その支配を進んで受け容れた。

する。

おそらくは、唐帝国の支配をへて、それらの装置を獲得した部分は大きい。遊牧民の部落にも配された唐の羈縻州府に、書記官をおき、文書行政を徹底させたこと、またステップルートにまで、駅館などの唐の交通施設を配備させたことなどは、遊牧民にとって重要な統治技術と接したことになろう。

とりわけ経済面では、唐帝国の軍事支配のもとで、貨幣たる絹布が西北方の周縁地に大量かつ恒常的に流出したことが、西北方の周縁地の経済を刺激するとともに、その地を中国内地と経済的に同化もしくは連動させた。このことは、遊牧民に交易の重視と華北定住地支配への姿勢を強くとらせることになった。

これまで、律令制を継受した東アジアの諸国などを念頭におきながら、唐帝国の崩壊が周辺世界の国家形成を促したことは、しばしば指摘されてきたが、この時期はまた、経済の面においても周辺世界の自立的な動きが促進されたといわれる。すでに中国の東・東南方の国家や地域において交易活動が活発化したことが明らかにされているが、北方の遊牧国家においても交易が引き続き重視され、ソグディアナ(西トルキスタン)を介してイランやインドと結びつくステップルートが、「シルクロード」の交易路として主軸をなすにいたっている。つまりは、唐帝国の交易管理の実質的な崩壊は、中国の周辺域一帯におよんで、交易活動を隆盛に導いたと理解すべきものであろう。

そして、この時代においてもソグド人の活動は認められることから、彼らの北・中央アジアから華北に広がる交易ネットワークが、時代に応じてなおも生きていたことは十分に考えられる。やがて、こうしたソグド商人の後継者としてウイグル商人が登場し、十三世紀のモンゴル帝国時代をむかえることになるのである。

ユーラシアの歴史から

本書でみたように、オアシス国家とキャラヴァン交易の問題は、オアシス国家を取り巻く諸文明圏なり、北方の遊牧国家の動向とあわせてとらえなければならない。つまり個別的な地域の枠をこえた広域の「世界」から、これをみる必要がある。

これまで前近代における「世界」の歴史は、中国や中央アジアの歴史といったように、多くは地域単位にその流れをみて、それを寄せ集めることで世界史が語られることが多かった。そうしたなかにあって、松田壽男は、分散的な諸地域をまとめあげる画期的な視点を提示し、その後、岡田英弘、杉山正明、森安孝夫、妹尾達彦らによっていっそう磨《みが》きあげられている。つまり、各地域の歴史の流れを相互に連動するものとしてとらえ、ユーラシアというサイズで歴史をダイナミックにとらえる見方である。

そうした捉え方からすれば、七・八世紀という時代は、モンゴルがユーラシア各地を密接に結びつけた十三世紀に先駆けて、「世界」がゆるやかにまとまった時代でもあった。

この時代には、ユーラシアの東西にそれぞれ大帝国が成立した。西のバグダードを中心としたイスラーム帝国に対して、東には長安を中心にした唐帝国が成立し、それぞれに一大交流圏ができあがり、新たな政治・経済関係が醸成されていった。

またアブー＝ルゴドは、十三世紀における「世界システム」の存在を想定し、それが八つの「サブシステム」から構成され、そのうちの一つとして、中央・

北アジアから中国北部にわたる「サブシステム」を設定しているが、ソグド人の交易ネットワークは、まさにこの「サブシステム」の空間的な広がりとかさなりあう。

ただその七・八世紀の時代も、突如として登場したわけではない。ユーラシア規模で展開した四・五世紀以降における遊牧民の躍動は、それぞれの古典文明圏に大きな衝撃を与えたが、まさにこの時期にソグド人は東方活動を盛行させ、中央アジアから中国にわたる交易ネットワークを形成していった。唐は、このソグド人のネットワークを組み込みながら、ユーラシア東方に一大交流圏を築き上げたのである。この交流圏における経済の側面にとどまらず、社会や文化、さらには政治・軍事面においてさえも、ソグド人の存在をぬきにしては語れない。

オアシス国家とキャラヴァン交易は、こうした唐帝国の支配のもとで、大きく変質し、経済的には中国と一体化もしくはその大きな影響を受けるにいたっている。なかでもタリム盆地が中国に隣接する位置にあることは、現代にいたるまで、この地域の歴史動向に大きな影響をおよぼしている。このことは、当地の歴史をみるさいにも、同じように中国に隣接する地域として、朝鮮半島や日本などの動向さえも視野にいれておかなければならないことを示している。

本書の冒頭に述べたように、「シルクロード」の交易について理解を深めるために、オアシス国家とキャラヴァン交易の問題を取り上げてきたが、ここでは地域と時代を限定して検討してきた。しかしながら、この問題をみるにあたり、つねにユーラシア全体の動向を意識してきたつもりである。そのほかの時代や地域を取り上げるにあたっても、まずは検討対象とする地域をユーラシア全体の流れのなかに位置づけ、そのうえで個々の地域や時代におけるオアシス国家とキャラヴァン交易のもつ特性を明らかにしていかねばならない。オアシス国家とキャラヴァン交易の問題は、そうした作業を積み重ねてはじめてトータルに論じることができるのである。

参考文献

ジャネット・L・アブー＝ルゴド（佐藤次高ほか訳）『ヨーロッパ覇権以前——もうひとつの世界システム』上・下　岩波書店　二〇〇一年

荒川正晴『ユーラシアの交通・交易と唐帝国』名古屋大学出版会　二〇一〇年

荒川正晴「唐の対西域布帛輸送と客商の活動について」『東洋学報』七二—三・四　一九九二年

荒川正晴「唐帝国とソグド人の交易活動」『東洋史研究』五六—三　一九九七年

荒川正晴「ソグド人の移住聚落と東方交易活動」『商人と市場』（岩波講座世界歴史15）岩波書店　一九九九年

池田温「八世紀中葉における敦煌のソグド人聚落」『ユーラシア文化研究』一　一九六五年

池田温「敦煌の流通経済」『敦煌の社会』（講座敦煌3）大東出版社　一九八〇年

今西仁司『交易する人間』講談社　二〇〇〇年

榎一雄『シルクロードの歴史から』研文出版　一九七九年（『榎一雄著作集』第五巻　汲古書院　一九九三年所収）

榎一雄「中央アジア・オアシス都市国家の性格」『古代』第六巻（岩波講座世界歴史6）岩波書店　一九七一年（『榎一雄著作集』第一巻　汲古書院　一九九二年所収）

岡田英弘『世界史の誕生』（ちくまライブラリー）筑摩書房　一九九二年（再刊、ちくま文庫　一九九九年）

小松久男編『中央ユーラシア史』（新版世界各国史4）山川出版社　二〇〇〇年

杉山正明『遊牧民から見た世界史——民族も国境も越えて』日本経済出版社　一九九七年

妹尾達彦『長安の都市計画』（講談社選書メチエ）講談社　二〇〇一年
関尾史郎『西域文書からみた中国史』（世界史リブレット10）山川出版社　一九九八年
羽田明「ソグド人の東方活動」『古代』第六巻（岩波講座世界歴史6）岩波書店　一九七一年
羽田明ほか『西域』（世界の歴史10）河出書房新社　一九六九年
アンリ・ピレンヌ（佐々木克巳訳）『中世都市――社会経済史的試論』創文社　一九七〇年
カール・ポランニー（玉野井芳郎ほか訳）『交易・貨幣および市場の出現』（人間の経済2）岩波書店　一九八〇年
堀敏一「近代以前の東アジア世界」『歴史学研究』二八一　一九六三年
松田壽男『砂漠の文化――中央アジアと東西交渉』（中公新書）中央公論社　一九六六年（同時代ライブラリー　岩波書店　一九九四年、または『松田壽男著作集』第一巻　六興出版　一九八六年）
松田壽男『アジアの歴史』日本放送出版協会　一九七一年（同時代ライブラリー　岩波書店　一九九二年、または『松田壽男著作集』第五巻　六興出版　一九八七年）
護雅夫ほか編『中央ユーラシアの世界』（民族の世界史4）山川出版社　一九九〇年
森部豊「略論唐代霊州和河北藩鎮」『漢唐長安城与黄土高原』西安、陝西師範大学中国歴史地理研究所　一九九八年
森安孝夫「《シルクロード》のウイグル人――ソグド商人とオルトク商人のあいだ」『中央ユーラシアの統合』（岩波講座世界歴史11）岩波書店　一九九七年
森安孝夫「ウイグルから見た安史の乱」『内陸アジア言語の研究』一七　二〇〇二年
家島彦一『イスラム世界の成立と国際商業――国際商業ネットワークの変動を中心に』岩波書店　一九九一年

山田信夫『草原とオアシス』（ビジュアル版 世界の歴史10）講談社　一九八五年
吉田豊・森安孝夫ほか「麴氏高昌国時代ソグド文女奴隷売買文書」『内陸アジア言語の研究』四　一九八九年
吉田豊「中央アジアオアシス定住民の社会と文化」『中央アジア史』（アジアの歴史と文化8）同朋舎　一九九九年
吉田豊「ソグド語資料から見たソグド人の活動」『中央ユーラシアの統合』（岩波講座世界歴史11）岩波書店　一九九七年
栄新江『中古中国与外来文明』北京、生活・讀書・新知三聯書店　二〇〇一年
姜伯勤『敦煌吐魯番文書与絲綢之路』北京、文物出版社　一九九四年
Étienne de la Vaissière, *Histoire des Marchands Sogdiens*, Paris, Collège de France, 2002.
N. Sims-Williams, The Sogdian Ancient Letter II, *Philologica et linguistica: Historia, Pluralitas, Universitas: Festschrift für Helmut Humbach zum 80. Geburtstag am 4. Dezember 2001*, Wissenschaftlicher Verlag Trier, 2001.

図版出典一覧

Rudolf, Hoernle, A. F., A Report on the British Collection of Antiquities from Central Asia, Part II, *Journal of the Asiatic Society of Bengal*, LXX, 1901.	59, 69
Stein, M. Aurel, *Ruins of Desert Cathay*, London, 1912.	扉
Stein, M. Aurel, *Serindia V*, Oxford, 1921.	14
Yamamoto, T. et., *Tun-huang and Turfan Documents concerning social and economic history II*, The Toyo Bunko, 1984.	51
『考古与文物』2000-6	23
黄文弼『増訂本高昌塼集』中国科学院　1951	33下左
『西域国宝録』新疆人民出版社　1999	カバー裏, 33下右, 53上
『絲路考古珍品』上海訳文出版社　1998	32
『絲綢之路』上海書店出版社　1998	2, 21
『新疆出土文物』文物出版社　1975	47, 53中, 72右, 左
『新疆遊』新疆人民出版社　1997	1, 40
『中国新疆　吐魯番』新疆人民出版社　1989	カバー表, 33上
『中国新疆　昌吉』新疆人民出版社　1989	55
唐長孺主編，中国文物研究所・新疆維吾爾自治区博物館・武漢大学歴史系編『吐魯番出土文書』(壹)　文物出版社　1992	35
著者撮影	53下

世界史リブレット62

オアシス国家《こっか》とキャラヴァン交易《こうえき》

2003年12月25日　1版1刷発行
2022年7月31日　1版5刷発行

著者：荒川正晴《あらかわまさはる》

発行者：野澤武史

装幀者：菊地信義

発行所：株式会社 山川出版社

〒101-0047　東京都千代田区内神田1-13-13
電話　03-3293-8131(営業)　8134(編集)
https://www.yamakawa.co.jp/
振替　00120-9-43993

印刷所：明和印刷株式会社

製本所：株式会社 ブロケード

世界史リブレット　第Ⅰ期［全56巻］
〈すべて既刊〉

1 都市国家の誕生
2 ポリス社会に生きる
3 古代ローマの市民社会
4 マニ教とゾロアスター教
5 ヒンドゥー教とインド社会
6 秦漢帝国へのアプローチ
7 東アジア文化圏の形成
8 中国の都市空間を読む
9 科挙と官僚制
10 西域文書からみた中国史
11 内陸アジア史の展開
12 歴史世界としての東南アジア
13 東アジアの「近世」
14 アフリカ史の意味
15 イスラームのとらえ方
16 イスラームの都市世界
17 イスラームの生活と技術
18 浴場から見たイスラーム文化
19 オスマン帝国の時代
20 中世の異端者たち
21 修道院にみるヨーロッパの心
22 東欧世界の成立
23 中世ヨーロッパの都市世界
24 中世ヨーロッパの農村世界
25 海の道と東西の出会い
26 ラテンアメリカの歴史
27 宗教改革とその時代
28 ルネサンス文化と科学
29 主権国家体制の成立
30 ハプスブルク帝国
31 宮廷文化と民衆文化
32 大陸国家アメリカの展開
33 フランス革命の社会史
34 ジェントルマンと科学
35 国民国家とナショナリズム
36 植物と市民の文化
37 イスラーム世界の危機と改革
38 イギリス支配とインド社会
39 東南アジアの中国人社会
40 帝国主義と世界の一体化
41 変容する近代東アジアの国際秩序
42 アジアのナショナリズム
43 朝鮮の近代
44 日本のアジア侵略
45 バルカンの民族主義
46 世紀末とベル・エポックの文化
47 二つの世界大戦
48 大衆消費社会の登場
49 ナチズムの時代
50 歴史としての核時代
51 現代中国政治を読む
52 中東和平への道
53 世界史のなかのマイノリティ
54 国際体制の展開
55 国際経済体制の再建から多極化へ
56 南北・南南問題

世界史リブレット　第Ⅱ期［全36巻］
〈すべて既刊〉

57 歴史意識の芽生えと歴史記述の始まり
58 ヨーロッパとイスラーム世界
59 スペインのユダヤ人
60 サハラが結ぶ南北交流
61 中国史のなかの諸民族
62 オアシス国家とキャラヴァン交易
63 中国の海商と海賊
64 ヨーロッパからみた太平洋
65 太平天国にみる異文化受容
66 日本人のアジア認識
67 朝鮮からみた華夷思想
68 東アジアの儒教と礼
69 現代イスラーム思想の源流
70 中央アジアのイスラーム
71 インドのヒンドゥーとムスリム
72 東南アジアの建国神話
73 地中海世界の都市と住居
74 啓蒙都市ウィーン
75 ドイツの労働者住宅
76 イスラームの美術工芸
77 バロック美術の成立
78 ファシズムと文化
79 オスマン帝国の近代と海軍
80 ヨーロッパの傭兵
81 近代技術と社会
82 近代医学の光と影
83 東ユーラシアの生態環境史
84 東南アジアの農村社会
85 イスラーム農書の世界
86 インド社会とカースト
87 中国史のなかの家族
88 啓蒙の世紀と文明観
89 女と男と子どもの近代
90 タバコが語る世界史
91 アメリカ史のなかの人種
92 歴史のなかのソ連